6JO

O ciclo da vida

Nosso objetivo é publicar obras com qualidade editorial e gráfica.
Para expressar suas sugestões, dúvidas, críticas e eventuais reclamações entre em contato conosco.

CENTRAL DE ATENDIMENTO AO CONSUMIDOR
Rua Pedroso Alvarenga, 1046 • 9º andar • 04531-004 • São Paulo • SP
Fone: (11) 3706-1466 • Fax: (11) 3706-1462
www.marcozero.com.br
atendimento@marcozero.com.br

Bruno Marcos Radunz

O ciclo da vida

MARCO ZERO

Publicado em 2008

Dados Internacionais de Catalogação na Publicação (CIP)
(Câmara Brasileira do Livro, SP, Brasil)

Radunz, Bruno Marcos
O ciclo da vida / Bruno Marcos Radunz. – São Paulo:
Marco Zero, 2008.

Bibliografia
ISBN 978-85-279-0449-0

1. Ciclo da vida humana 2. Comportamento humano 3. Crônicas
I. Título

08-02069 CDD-392

Índice para catálogo sistemático
1. Ciclo da vida : Costumes 392

Em nosso existir, faríamos muito mais se não achássemos tantas coisas impossíveis.

Dedicatória

Desde os tempos de menino tive um modelo, uma pessoa que foi meu supervisor e que muito influenciou minha formação, principalmente ao estimular o hábito da leitura. Publico meu segundo livro e posso afirmar, sem medo de errar, que esse modelo exerceu grande influência na formação de minhas preferências literárias. Saint-Exupéry foi nosso preferido. Graças a seu modelo, olhando seu comportamento e suas atitudes para com as pessoas, posso lhe dizer, Amilton Antonio Cimadon, que, apesar de suas idéias serem combatidas e consideradas utópicas por muitos, você foi o divisor de águas de minha vida.

Muito obrigado, mestre Cimadon.

Agradecimentos

Ao iniciar esta obra, lembrei de como foi minha infância, quem eram meus amigos e como o pensamento nos leva "longe". É impossível deixar de lembrar dos grandes amigos de Dr. Mauricio Cardoso-RS, como Vilson Zingler, Marcos Richter, Sidnei Ristoff, James Engel, Arlindo Smaniotto, Luiz Zingler, "Xique", Cláudio Froeming, Jorginho e tantos outros, pela companhia que me fizeram em meus passos iniciais; um agradecimento especial pela postura sempre correta, desde nossos tempos de meninos até os dias atuais, em que nos tornamos cidadãos respeitadores e respeitados.

À minha filha Julia, meu legado, meu estímulo de vida e a garantia de que meu sangue continuará a existir nesta Terra que aprendi a amar e respeitar.

A meus pais, Arno e Helena, a meu irmão Vítor, que sempre me deram apoio e carinho nos momentos difíceis. Em uma frase, tudo o que vocês representam: sempre tive asas, mas vocês me deram a razão de voar.

E não poderia de maneira nenhuma deixar de agradecer de maneira especial aos que fazem meu presente fluir, como Lucélio, Edgar, Alceu, Geraldo, André, Robson, Marcos, Clóvis, Roberto, Vanderlei Graeff, Raul Tesche, Valdir Bundchen, Paulo Henrique, Felipe, Laerti, Morgana, Orth, Beto, Gisele, Claudinei, Laudir Rotava, Itacir Cividini, Edimar, amigos de todas as horas, que interagiram nos rascunhos, ajudando a transformar a presente obra em um instrumento de reflexão e proveito a quem tiver oportunidade de ler estas páginas, escritas com muito carinho e com um só pensamento: o de ser útil a alguém.

Prefácio

Um dia desses, ao sair de casa, deparei-me com um grupo de pequeninos estudantes (3 a 5 anos, aproximadamente) dirigindo-se a uma praça nas imediações.

Iam de mãos dadas, formando uma corrente, num momento quase que em transe, sob olhar atento das professoras que os acompanhavam.

Olhando distraidamente a cena, veio-me à cabeça uma idéia que me estimulou a escrever e dar o título ao presente livro: *O ciclo da vida*.

Surgiu-me a lembrança de quando eu me dirigia a pé ao colégio, na minha cidade natal, muitas vezes debaixo de chuva, mas com um brilho no olhar, na esperança de que algo de bom estivesse reservado para mim, apesar de ainda não entender nada de futuro, de projetos, de frustrações e de alegrias.

De lá para cá muita coisa mudou em minha vida. Experiências, decepções, busca do conhecimento, sempre ciente de que ainda falta muito para começar a dizer que sou sábio. A vida é uma eterna escola.

Olhando para o chão, fiquei pensando quantas crianças já não teriam pisado por ali ao longo de todos esses anos. Tantos sonhos, tantas histórias que, talvez, apenas as árvores mais velhas testemunharam.

A dura realidade de que somos seres passageiros, à primeira vista, apavora. Exceto para aqueles pequeninos seres, que, no momento, somente tinham uma preocupação: brincar, brincar e brincar. Pais e professores vãos cuidando, bem ou mal, do resto.

A realidade assusta pelo simples fato de que tudo o que aqui fizermos será deixado, o solo pisado, o ar respirado, os bens patrimoniais, as realizações pessoais, os trabalhos sociais. Ficam as obras que, talvez, possam servir de benefício para as gerações futuras, que possam dar continuidade àquilo que hoje relato.

O Ciclo da vida é uma obra que visa, sobretudo, passar o aprendizado ao longo de nossos anos, tornando-nos seres mais sábios e dispostos a relatá-lo aos mais jovens para fazê-los pensar, fazê-los refletir. Veremos que o tempo é o que de mais precioso temos e, às vezes, apenas nos damos conta disso quando ele já está se esgotando.

Ao leitor, tentarei transmitir sucintamente deduções, reflexões que norteiam minha vida, frutos da observação do comportamento das pessoas, na forma de crônicas do cotidiano. Complemento a obra com algumas idéias de pensadores, filósofos e sociólogos.

Não pretendo lançar novas teorias. Limito-me a revisar antigas verdades, aplicando-as à prática do cotidiano. As idéias aqui expostas poderão ser aproveitadas pelos leitores também para estudos, além de servir de leitura de entretenimento. O presente trabalho é meu legado para as gerações de hoje e de amanhã e, talvez, seja aproveitado por leitores daqui a uns cinqüenta anos ou mais.

Bruno Marcos Radunz

Sumário

O ciclo da vida

Desde o dia em que chegamos ao planeta
E, piscando, entramos no sol,
Há mais pra ver do que foi visto,
Há mais a fazer do que já foi feito,
Há muita coisa a ser feita aqui,
Há mais a encontrar do que já se encontrou,
Mas o sol rolando alto,
Através do céu de safira,
Mantendo-se grande e pequeno,
Em incessante evolução.
É o ciclo da vida, e ele nos move a todos.
Através do desespero e da esperança,
Através da fé e do amor,
Até nós encontrarmos nosso lugar
No caminho sem curvas tortuosas,
No ciclo, o ciclo da vida,
É o ciclo da vida, e isto nos move a todos.
Através do desespero e da esperança
Através da fé e do amor
Até nós encontrarmos nosso lugar
No caminho sem curvas tortuosas
No ciclo, o ciclo da vida...

Tradução livre, feita pelo autor, da letra da música *Circle of Life*,
composta por Elton John e Tim Rice.

Nascimento e infância: o início do ciclo

Enfrente cada curva do caminho com confiança e fé. A superação dos seus limites é o resultado da coragem, da força e da cooperação.

Nascimento e morte. O ciclo se repete a todo instante. É a vida que pede espaço, rompe barreiras e trava uma batalha eterna pela continuidade.

O ser humano possui um ciclo de vida com diferentes fases de desenvolvimento, e depende dos outros desde os primeiros momentos de sua existência. Essa dependência se inicia na gestação e se perpetua nos primeiros anos de vida.

A criança é altamente dependente dos pais nas incursões iniciais pelos atos humanos, rumo à autonomia. O mundo de uma criança é formado basicamente por sua família, que será responsável por lhe proporcionar o desenvolvimento das aptidões que nortearão seu rumo.

O bebê, ao chegar ao grupo familiar a que pertence, já dispõe de certos mecanismos para decodificar o mundo que se lhe apresenta. Ele aprende aos poucos as diferentes formas de comunicação, percebendo que muitas das regras vigentes funcionarão como indicadores de sua integração social.

A criança perceberá com o tempo que sua família pode ser fonte de grande felicidade pessoal e aprenderá com ela a investir em relacionamentos, em busca de reciprocidade. As babás e professores de pré-escola auxiliam nesse aprendizado, pois, no princípio, a criança apenas se sente segura com seus pais. Assim, acontece a preparação para novas etapas.

A vida da família e da criança se relacionam, estando a vida individual inserida na grupal. Por sua vez, a família está inserida em uma comunidade que, por conseguinte, está relacionada com um país, conferindo ao indivíduo características próprias da família.

Na adolescência ocorrem conflitos pelo fato de a criança começar a desenvolver senso crítico em relação aos pais, que passam a ser questionados e muitas vezes corrigidos por ela.

Com a mocidade, vêm responsabilidades, tanto emocionais quanto financeiras, tomam-se decisões muitas vezes sem o consentimento dos pais, influenciadas pela imensidão de informações recebidas no conforto do lar pela televisão, pelos jornais e pela internet.

Algumas preocupações atingem os jovens: uma delas é a de ser capaz de desenvolver relações mais íntimas com grupos sociais e, outra, conseguir se estabelecer em uma carreira profissional.

Com a chegada da fase adulta, os relacionamentos e as possibilidades profissionais mexem com os sentimentos, dotando o indivíduo do impulso capaz de buscar o caminho da felicidade plena.

O ser humano domina a natureza e, muitas vezes, é por ela dominado. Apenas ele resiste e ultrapassa suas leis, ampliando e decidindo conforme sua vontade e atividade, implicando prejuízos lastimáveis ao meio ambiente.

Seria presunçoso afirmar que o mundo foi criado para o ser humano, mas ele acaba interagindo com o mesmo de forma decisiva. Tudo o que o ser humano constrói é, como ele, efêmero; o tempo derruba os edifícios, apaga o saber e até o nome das civilizações.

O ser humano está longe de receber intacta a súmula dos conhecimentos acumulados ao longo dos séculos. Ele vai buscar o tabaco e o ópio com a mesma volúpia dos alimentos, para deles fazer instrumentos de prazer grosseiros, sendo muitas vezes castigado com perda de vitalidade, da moral e com o embrutecimento.

Atingindo certo ponto de civilização, atenuam-se as noções de honra e mérito. O enfraquecimento geral, provavelmente resultado do progresso dos prazeres, arrasta o homem para uma rápida decadência.

Como adulto, o indivíduo constitui uma família, novo desafio nessa eterna corrida em busca da preservação da sua espécie, em que impera a responsabilidade e a necessidade de servir de exemplo para os descendentes que, porventura, venha a ter.

A busca desenfreada pelo poder muitas vezes prejudica essa etapa da vida, pois diminui o convívio com os familiares, seja por reuniões profissionais intermináveis, viagens desgastantes e jornadas de trabalho que, por vezes, avançam madrugada adentro. É a fase profissional mais produtiva do ser, em que a necessidade de sustento de uma família leva o indivíduo a buscar seu espaço dentro de uma realidade em que o emprego da tecnologia cresce em detrimento das oportunidades de trabalho, motivando a concorrência desenfreada entre o homem e a máquina, que por ele próprio foi criada e, hoje, disputa palmo a palmo seu local de trabalho.

A última fase do ciclo vital familiar é caracterizada pela mudança dos papéis emocionais: a velhice. Antes protetores, agora precisam ser cuidados pelos mais jovens. A família deve valorizar a sabedoria e a experiência dessa fase. Ao idoso cabe manter o interesse pela vida, apesar do declínio fisiológico, apoiar os mais novos, às vezes já como avós, lidar com a morte dos também idosos amigos, irmãos, cônjuges e preparar-se para a própria morte.

É a vida, e ela é cíclica. Nada impede seu curso de renovação. Os dias se sucedem e o nascer de cada manhã aponta para esse processo contínuo de recomeço, de reposição. Diariamente, milhões de pessoas morrem e um número equivalente nasce em seu lugar.

As gerações se sucedem, fechando-se o ciclo. Temos de adquirir a consciência de que somos passageiros, daremos lugar a outrem, na escala evolutiva e irreversível.

Não podemos desperdiçar as oportunidades que aparecem, principalmente na direção da excelência, em tudo que nos propusermos a fazer. Nós devemos aproveitar cada partícula de oxigênio inspirado, pode ser o último suspiro; fazer o amor brotar dos nossos olhos; sorrir em cada movimento facial; fazer da poesia o antídoto natural contra o mau humor que corrói seres, sonhar e acordar com música, sabendo, pois, que somos renováveis, transeuntes de um mundo em que vivemos e não sabemos o que acontece depois.

Devemos pensar que nesse ciclo de eternidade somos: semente, flor, fruto e adubo.

Por que você nasceu?

Isso sabemos, todas as coisas estão ligadas, como o sangue que une uma família. Tudo o que acontece com a Terra, acontece com os filhos e filhos da Terra. O homem não tece a teia da vida. Ele é apenas um fio. Tudo o que faz à teia, faz a si mesmo.

Ted Perry

O processo da vida é muito mais do que simplesmente um capricho da natureza, em que novas formas se criam, a todo instante. Um novo ser humano é gerado a partir de um relacionamento afetuoso, em que não necessariamente impera amor, originando-se desse contato físico um novo componente que, futuramente, tornar-se-á um elemento imperativo da natureza.

Até então somos simplesmente um feto e, com o nascimento, manifestam-se nossas razões, defeitos, qualidades, erros, deméritos; enfim, coisas da natureza humana.

E essa pessoa que ora surge lentamente se sintoniza com o propósito mais elevado de sua alma, conhece-se aos poucos sua missão ou seu destino aqui na Terra.

Diferimos desde cedo dos animais, porque somos totalmente dependentes de nossos pais, ao passo que muitos animais nascem já caminhando, alimentando-se sozinhos etc.

Seu nascimento significa que você é especial e que o fato não foi mero acontecimento. Nosso ser superior escolhe uma missão específica para cada um, assim como o compositor escolhe harmoniosamente as letras que comporão sua próxima canção. Podemos falhar perante o Ser Superior, assim com a música: desarrumando-se uma nota, perde-se a melodia, frustra-se o músico, o criador.

No momento em que o sol brilhou para nós pela primeira vez, naquele dia especial, foi-nos imputado um valor, tornando-nos insubstituíveis, únicos. Nem com os avanços da Ciência até o momento foi possível chegar-se à concepção de uma cópia de um ser tão diferenciado.

Muitas pessoas parecem sentir que, apenas porque não escolheram vir ao mundo, seu nascimento é mera coincidência ou acaso. Não é bem assim. Acredito que o nascimento é a maneira de Deus dizer que Ele investiu Sua vontade e energia para criar você. Seus pais foram os condutores dessa energia, que, depois de setenta ou oitenta anos, quem sabe, volta à Terra.

Muitas pessoas acham, cedo ou tarde, que entenderam seus reais motivos e objetivos pela passagem na Terra. Isso é conseguido por meio da meditação, da concentração, da oração em grupo, momentos ímpares em que a espiritualidade se sobrepõe à emoção e à razão.

A vida é muito complexa. Ouço falar da questão do destino, da sorte; talvez isto exista, mas, na maioria, são pessoas indo atrás dos próprios objetivos, traçando destinos, com diversas motivações.

Se pensarmos que tudo dará errado, certamente assim o será. É importante sempre cultivar a imagem dos bons momentos, das boas pessoas e principalmente das boas intenções.

Somos apenas nós a decidir sobre nosso futuro. Não devemos delegar aos nossos pais e amigos tal responsabilidade.

Para alcançar nossos objetivos, precisamos sempre estabelecer metas. Talvez as busquemos de tempos em tempos, pois, na maioria das vezes, estamos tão ocupados com nossa vida, com nosso cotidiano, com a busca incessante de valores materiais, que esquecemos realmente das resoluções mais simples. Mesmo quando adultos, podemos viver como o feto – sendo servidos pelos outros, comendo, bebendo e dormindo. Decidimos o que vamos ser e fazer.

Precisamos ser versáteis, aproveitando nossa capacidade de ser espiritualmente sensíveis e absorver as coisas boas ao nosso redor.

Desde criança aprendemos valores, dentre eles está a arte de ser sincero, leal e confiável. Todos sabem que os sentimentos são invisíveis, mas são transmitidos de um indivíduo a outro. Da mesma forma, a sinceridade é impossível de ser apalpada ou vista, mas é sabido seu inestimável valor e o quanto sua importância tende a aumentar com o passar do tempo. Considerado como um dos mais importantes num ser humano, este sentimento engrandece.

Ser absolutamente leal a alguém ou a um ideal é uma questão de princípio, que é ensinado a cada indivíduo, dotando-o de uma qualidade pessoal, única e intransferível. Ser leal também desperta uma capacidade infinita de amar, um desejo profundo de compartilhar sentimentos, sem ambição pessoal ou mero idealismo, é um compromisso consigo mesmo, uma unicidade entre a razão e o coração, é ser leal consigo próprio.

No transcorrer do ciclo da vida, tantos valores agregam, mas poucos têm tanta importância quanto a sinceridade e a lealdade. A transparência, a pureza da alma, a delicadeza do ser absoluto, a amizade e o amor também são importantes.

Um mundo ideal é aquele que abriga pessoas felizes e em paz, mas qual a maneira de chegar a ele? Começa dentro de cada um de nós, quando buscamos um caminho de sinceridade e clareza em nós mesmos, no convívio com os outros e, mais a frente, com o mundo que nos cerca.

Não conseguimos ocultar nada de nós mesmos, por mais que tentemos. Nossa consciência normalmente não nos permite tal procedimento. Uma vida bem conduzida, baseada na lealdade e transparência, é a única estrada segura e certa, que nos levará a uma verdadeira e indestrutível felicidade, transformando-a na fórmula ideal e verdadeira da paz.

A inquietante fase da juventude

O coração do homem vive inquieto, até que repousa em Deus!

Santo Agostinho

Existe um consenso nas sociedades ditas desenvolvidas quando tratamos sobre uma fase transitiva de nossas vidas, principalmente quando nos referimos à juventude, sobre a rebeldia e os conflitos de gerações, normais entre familiares.

A família, desde que se comporte como tal, é por si socializadora, produtora do equilíbrio emocional de um adulto ajustado.

Em menor ou maior grau, também, essas características são percebidas em diferentes classes sociais, sob a análise das relações dentro do espaço familiar e os possíveis problemas pelos quais eventualmente se passe, considerando as relações das pessoas e suas atividades, habilidades físicas, a própria idade adulta, a constituição biológica e funções sociais como clubes, trabalhos comunitários e religiosos etc.

Vale ressaltar que a juventude é uma fase bastante valorizada como o momento de maior potência para se relacionar com as oportunidades da vida, de mais saúde, beleza física e perspectivas para um futuro desejável, como um bom emprego, uma ótima formação, uma boa escolha do futuro cônjuge e conseqüente formação de uma família.

A juventude é a fase da atenção, dos primeiros passos para a independência e, também, da incerteza do indivíduo sobre seus próximos passos e seu futuro.

Em qualquer sociedade, as pessoas devem saber como agir em cada situação. Daí a importância da presença ostensiva dos pais nesse momento de dúvidas e afirmações, no papel de contenção dos ímpetos juvenis, que tendem a ultrapassar certas regras e, muitas vezes, colocam à prova as regras e valores morais impostos pela família.

O aconselhamento tem servido muito bem aos jovens. Tenta-se assim transformar a fase em algo compreensível, aceitável e regrado, transformando o jovem em um eficiente instrumento para a sociedade.

A partir do momento em que a mídia divulga resultados de estudos comportamentais, mais a juventude torna-se previsível e controlável. E esse controle é importantíssimo dentro da convivência social, pois os pais têm cada vez menos tempo de ficar com os filhos.

A juventude pode ser vista como um momento em que os responsáveis já não exercem tanto controle sobre os jovens. Eles já possuem capacidade de fugir das normas impostas por seus pais e sentem necessidade de afirmar suas próprias opiniões.

O aprendizado para eles também é dividido em setores. Por exemplo, nas conquistas amorosas, o rapaz precisa aprender as técnicas de sedução e, até mesmo, como é a anatomia da mulher e como tratá-la. Além das descobertas associadas aos relacionamentos, há outras que estão ligadas ao uso de bebidas alcoólicas, drogas e substâncias que podem produzir alucinações e sensações diferentes.

Há pouco tempo, os jovens que saíam à noite podiam ficar fora de casa até certo horário, mais regrado do que nos dias de hoje.

É comum encontrar nas chamadas baladas (que, geralmente, começam depois da meia-noite), meninos e meninas na mais tenra idade consumindo bebidas alcoólicas e, algumas vezes, drogas mais perigosas.

Preocupa o fato de a atual geração aparecer nas estatísticas como uma das que mais tiveram experiências com substâncias tóxicas e nocivas a sua própria saúde. Pesquisas apontam que a maioria dos jovens da atualidade consome ou já consumiu bebidas alcoólicas. E as meninas estão à frente na disputa pelo maior consumo.

Assim como esses jovens passam por situações que exigem certo enquadramento, é provável que seus pais também tenham passado por isso. Vemos que boa parte desses pais já incorporou um discurso que é transmitido para os filhos a respeito da nocividade das drogas e desse tipo de experiência.

O uso das drogas é uma das experiências em que os jovens pensam poder exercer sua livre escolha de forma mais afastada das vistas dos seus responsáveis. É uma forma encontrada pelos jovens de transgredir as normas vigentes.

É também uma fase desafiadora para a sociedade em que os valores morais e familiares estão sendo muitas vezes deixados de lado.

O álcool é o portal de entrada para outros vícios (apesar de não existir droga mais fraca ou mais forte, a diferença entre o remédio e o veneno está na quantidade). E tudo normalmente começa na própria casa, onde os pais convidam amigos e parentes para confraternizações, em que normalmente o consumo de bebidas é corriqueiro, levando o jovem a ter uma informação (imprópria) de que "se em casa pode, lá fora também poderá". Muitas vezes as crianças já experimentam bebidas naquela velha desculpa de "só tomar a espuma ou só um gole".

Não quero generalizar com essas citações toda uma geração, pois nem todos os jovens possuem uma predisposição para atitudes rebeldes. Pelo contrário, uma nova geração de juízes, promotores, políticos, engenheiros, médicos tem-se mostrado profissionais brilhantes.

E um dos motivos que tem auxiliado na formação dessa nova geração, é necessário citar que a internet tem exercido papel de auxiliar nos estudos. E o celular tem permitido melhor comunicação entre as pessoas. Basta olhar em volta e ver que cada vez mais pessoas dispõem deste meio de comunicação. Não existem mais distâncias. E aparelhos cada vez mais modernos, nos quais você pode mandar mensagens, acessar a internet, tirar fotos, filmar. Podem ser usados de diversas maneiras, possibilitando uma maior comunicação entre as pessoas. Anteriormente, se um pai necessitasse falar com seus filhos ou esposa, normalmente esperaria até a noite para o contato.

O jovem precisa também ser inserido no mercado de trabalho. Ao governo cabe parte da geração de oportunidades de emprego a esses membros que estão sendo postos à disposição.

Vemos, a todo instante, problemas sociais causados pela falta de vagas para o primeiro emprego. O jovem estuda, termina uma faculdade e quando deseja exercer sua profissão, pela qual dedicou boa parte de sua vida, não consegue um lugar satisfatório no mercado. Surge com isso a informalidade, levando jovens a exercerem atividades secundárias, pouco lucrativas no aspecto econômico e no profissional.

Ele precisa buscar seu espaço, ter consciência de que dependerá exclusivamente dele a abertura de portas e o enfrentamento de problemas, transformando-se no profissional do futuro, onde todos depositamos as nossas esperanças de termos um país com melhor distribuição de renda, justiça social e harmonia entre as famílias.

Mas, creiam, talvez esteja na juventude a grande fase do ser humano, a fase das grandes descobertas, conquistas e realizações. Aproveitem! Com vocês, os jovens!

O desafio de ser pai

Há dois métodos de acumular conhecimentos: por meio da experiência pessoal e através da assimilação de conhecimentos adquiridos mediante a experiência alheia.

Napoleon Hill

Tenho uma filha pré-adolescente e venho me questionando se estou sendo um bom pai, participativo, instrutor, cobrador de atitudes, amigo, bom exemplo, enfim, *Pai*!...

Que tarefa cheia de responsabilidades, sabedor que sou que a criança forma sua personalidade em torno dos dez anos de idade e que a mesma pode ser modificada até mais ou menos os vinte anos. Até essa fase, o adolescente espelha-se em alguns modelos e tenta ser o mais diferente possível das pessoas que não lhe agradam. Será que a educação que tentei passar foi muito branda? Ou será que fui muito rude em certas ocasiões que poderão deixar marcas no seu futuro? Será que minha atitude coerciva foi a mais correta? São questionamentos que todo pai responsável e que ama seus rebentos faz.

Como seria bom presenciar uma conversa da filha com alguém em que a mesma dissesse: "O meu pai me disse..." e "o meu pai me ensinou...". Seria a certeza de que todo o esforço não foi em vão.

Pais, afinal, não são os filhos nosso maior patrimônio? Neles queremos ver refletidos o que somos para a sociedade: pessoas de bem, vitoriosas, participativas, inquiridoras. Investimos todas as nossas fichas na felicidade dos filhos.

A figura paterna, forte, que mexe com todo ser humano desde a infância até a velhice, tem, ao longo dos anos, matizes de intensidade.

Na infância, o pai é aquele que tem força física, que resolve tudo, que levanta de madrugada para cobrir o filho para que não passe frio, para esquentar o leite para a mamadeira ou até para trocá-lo. A criança não admite que o pai tenha falhas, ele é o super-homem da casa, ele é um herói.

Já, na adolescência, ele não é apenas o herói, pode chegar a ser um rival no carinho com a mãe (o que os psicólogos chamam de Complexo de Édipo, não sendo uma regra), careta, quase ultrapassado.

Na idade adulta, o pai volta a ser uma figura importante, mas sem os exageros, em que se admite que o pai erre, sem deixar de ser querido e admirado.

Os pais de hoje, devido às circunstâncias sociais e dificuldades econômicas, estão mais distantes, embora habitem o mesmo lar. O diálogo, outrora tão fundamental, está sendo deixado de lado, enquanto cresce a participação da televisão, dos jogos de diversão, das saídas para baladas e festas organizadas por amigos...

As estruturas familiares estão mais frágeis, os pais se esforçam para fornecer esclarecimentos necessários, dar o senso religioso adequado, dar-lhes sempre as respostas para suas inquietações. Essa fragilidade pode ser um reflexo de gerações anteriores, que tentaram com movimentos jovens impor liberdade total sem responsabilidade, confundindo muitas vezes liberdade com libertinagem, se bem que pode ser meramente reflexo do crescimento sócio-econômico do país.

A mulher obteve seu espaço (justo) no mercado de trabalho, em detrimento do convívio com seus filhos, para ajudar no orçamento doméstico. Foi uma forte quebra de paradigma. As mulheres durante séculos aprenderam a educar suas filhas para o lar, ensinando-lhes as atividades domésticas, a aceitar seus maridos – que muitas vezes eram indicados pelo pai –, a serem carinhosas e realizar os desejos de marido e filhos.

Aos filhos homens era concedido o direito de estudar e de exigir a satisfação de suas necessidades, tornando-os uma espécie de senhorio, negociando propriedades sem a conseqüente divisão com as filhas mulheres, que eram cortejadas em troca de dotes entre as famílias.

Hoje, aos 14 anos, os adolescentes – se assim posso denominá-los – já escolhem o próprio destino, tomando os caminhos que mais lhe parecem propícios. Preocupa-me nos jovens de hoje certa falta de objetividade. Com as mudanças impostas no ensino e leis que não permitem ao menor realizar trabalho remunerado, o mesmo se encontra inseguro e totalmente dependente dos pais.

Não é comum homens buscarem orientações de pedagogos ou lerem a respeito da educação de filhos e relacionamentos na família. Acham mais fácil, mais cômodo, se omitirem, jogar a culpa nas mães, cair fora, muitas vezes formando um novo núcleo.

As mulheres estão enfrentando em sua grande maioria os problemas, tentando fornecer uma educação mais próxima da adequada. O pai responsável precisa buscar no diálogo a solução de conflitos, nunca apelando para atitudes agressivas, que só geram respostas agressivas. Para que ele possa manter a autoridade no lar, necessita dialogar, ser honesto, dedicado, mostrar coerência em suas atitudes e entre o falar e o agir. A frouxidão ou permissividade pode prejudicar seu relacionamento e sua liderança, tão necessárias para a correta exemplificação aos filhos.

Não deixe seu filho sem respostas. Ele pergunta por que não sabe. Tente da melhor maneira e mais franca responder a todas as inquietações; enfrente os desafios; estimule com serenidade seus queridos filhos a trilharem os caminhos da religião, hoje tão deixados de lado. A parte religiosa, espiritual, é forte aliada para não permitir que seus filhos se aproximem de vícios, drogas, más companhias, fatores desabonadores e destruidores de personalidades.

Olhe para dentro do seu eu, veja como está levando e administrando sua vida. Seu filho nada mais é que sua imagem refletida num espelho, porém com sentimentos e vontades diferenciadas, pedras preciosas brutas, precisando ser lapidadas, com todo carinho e dedicação.

Como criar filhos adolescentes

A única coisa que podes fazer para te reaproximares de tua mocidade é repetir tuas loucuras.

Andy Capp

Lembro-me de que quando era criança adorava ir aos finais de semana à casa de meus avós, no interior do Rio Grande do Sul, onde o contato com a vida simples, com os rios, árvores, animais, com o silêncio do final da tarde e o cantar dos pássaros ao amanhecer faziam minha felicidade, ajudando nos primeiros passos e na minha formação.

Tive muitas oportunidades para a convivência com a natureza. Conversando com minha filha, hoje com onze anos, percebi que ela e a maioria dos colegas nunca viram uma galinha ou vaca, a não ser pela televisão.

As oportunidades para tal se tornam cada vez mais raras, pois a maioria das crianças vive nas cidades, são seres do asfalto, sem possibilidade de fazer uma visita a uma fazenda onde possam ter contato com a natureza.

A realidade nos mostra que o jovem passa cada vez mais tempo dentro de casa ou com seus grupos de afinidades no shopping, cinemas etc.

A independência é exigida cada vez mais cedo, porque o pai, a mãe ou qualquer outra figura de ligação familiar com sua presença efetiva está se tornando rarefeita no dia-a-dia de muitos.

Brincadeiras ao ar livre, onde os campos de futebol, as pracinhas, os terrenos baldios estão se tornando cada vez mais raros, cedendo seus espaços para arranha-céus ou estacionamentos,.

Os demais espaços são disputados por pessoas alucinadas pelo trabalho, ladrões, drogados, policiais, cidadãos comuns e simples passantes.

Com esses aspectos o contato da criança com a vida lá fora se restringe, imperando muros altos, cercas eletrificadas, portões eletrônicos e circuitos internos de TV.

Sobre a reflexão anterior, convém lembrar que, na maioria dos casos, a insegurança é fruto de um desacerto familiar, de cunho social, que já vem de muito tempo, pois a cidadania começa em casa. O terror resultante transforma as pessoas em seres extremamente defensivos, com medo de tudo e de todos; a impetuosidade característica das crianças e adolescentes é tirada, o que prejudica uma fase importantíssima da vida.

Entre os mais jovens, nota-se cada vez mais a necessidade de buscar meios para sustento nas ruas das cidades. Por sua vez, o Estado não oferece as garantias previstas na lei. O que podemos fazer para mudar este cenário que se apresenta?

Medidas simples, como ensinar seu filho a respeitar a natureza, os mais velhos, a dizer, "por favor", desde criança, podem contribuir para transformá-lo num bom cidadão. O exercício da cidadania tem de ser repetido constantemente nas grandes e nas pequenas ações. Incentivar no dia-a-dia da criança algumas atitudes bem simples, de cortesia, respeitando todos os princípios morais que deveriam ser inerentes ao ser humano, mas que, se não trabalhados em casa, não se desenvolvem.

Manter conversas com seu filho é uma boa estratégia, talvez a melhor de todas, pois ele, ao sentir carinho, vai se aproximar dos pais, não ficando tão vulnerável aos maus exemplos, fazendo com que se lembre sempre de que, além dos direitos, existem normas a cumprir, devendo sempre agir com a razão em primeiro lugar, tendo atitudes responsáveis desde pequeno.

A adolescência é uma fase social, em que suas atitudes ou postura devem refletir as características das expectativas da sociedade.

E isso pode ser comprovado facilmente, pois temos visto cada vez mais precocemente crianças assumirem postura de adolescentes e, estes, por sua vez, o papel dos adultos. Assim sendo, já não podemos explicar a adolescência apenas como sendo fruto das mudanças fisiológicas da puberdade, mas como sendo produto da interferência do social no biológico. A sociedade impõe ao adolescente papel que outrora só pertencia aos adultos.

A adolescência não é marcada apenas pelas dificuldades, crises, mal-estares, angústias. Ao abandonar a atitude infantil e ingressar no mundo adulto, há uma série de acréscimos no rendimento psíquico. O intelecto, por exemplo, apresenta maior eficácia, rapidez e elaborações mais complexas, a maior atenção se apresenta com o aumento da concentração e melhor seleção de informações, a memória adquire melhor capacidade de retenção e evocação, a linguagem se torna mais complexa com o aumento do vocabulário. Esses acréscimos na performance global do adolescente produzem uma típica alteração do ego, vindo a volúpia e desejo de independência dos mais velhos.

Quando o adolescente com o ego agigantado se depara com forças contrárias, ocorrerá a inevitável disputa para ver quem pode vencer. E isso é um fato normal, sucedendo-se comumente na natureza. Ocorrendo o confronto saudável, o adolescente internalizará o valor dessa experiência de forma positiva, que passará a fazer parte de sua identidade, aparecendo como figura da autoridade. Por isso, ao se pretender exercer autoridade sobre o adolescente, deve-se, em primeiro lugar, munir-se da plena responsabilidade sobre a sua aceitação ou não. A autoridade vai depender da maneira pela qual ela se fez sentir e compreender.

Outro aspecto importante nessa fase é que o adolescente, impulsionado pela força de seus sentimentos, juntamente com a necessidade de provar a si mesmo sua virilidade ao tentar conquistar uma pessoa do sexo oposto, contraria com facilidade as normas tradicionais da sociedade e os aconselhamentos familiares e começa, avidamente, o exercício de sua sexualidade.

As atitudes são inegavelmente estimuladas e condicionadas tanto pela família quanto pela sociedade. A sociedade tem passado por profundas mudanças em sua estrutura, inclusive aceitando a sexualidade na adolescência e, conseqüentemente, também a quebra dos comportamentos normais de uma geração.

Há muitas outras tentativas de se definir a adolescência, embora nem todas as sociedades possuam esse conceito, tentando passar direto para a análise do ser já adulto, sabendo que essa fase tem por característica a imersão num mundo de ambigüidade e contradições.

Na ânsia de abraçar o mundo, o adolescente acaba por vezes passando por cima de tudo e de todos, se ressentindo da falta de liberdade e autonomia dos adultos, ocasionando dissabores como o de acharse incapaz de decidir corretamente as decisões de seu próprio futuro. O adolescente possui tendência natural para comunicar-se através da ação, em detrimento da palavra: age por impulso, manifestando muitas vezes comportamentos hostis e agressivos, induzindo ao erro.

Com convicção, acredito que nosso adolescente está cada vez mais se preparando para terem abrandadas as dificuldades impostas pela vida moderna. Acaba dando passos largos para tal, com iniciativa, apesar de, pela idade, ter certa e normal indefinição com respeito à formação da opinião própria. Acredito que, nesse momento, devemos ter a preocupação de quais linhas de conduta vamos repassar a eles. Se mais branda ou mais austera.

Para tanto, existe a necessidade de os pais estarem mais em casa e interagir com os filhos. Só assim, com muita conversa, se conseguirá os objetivos que todos almejam: paz, sucesso e felicidade.

Fazer o que se gosta

Se você não gosta do seu trabalho, tente fazê-lo bem feito. Seja o melhor em sua área, destaque-se pela precisão.

Stephen Kanitz

A escolha da profissão é o primeiro dilema de todo adolescente. Muitos professores, pais e orientadores vocacionais acabam recomendando "fazer o que se gosta", um conselho às vezes confuso e equivocado. Empresas pagam aos empregados para fazer o que a comunidade acha importante ser feito, não aquilo que os funcionários gostariam de fazer.

Seria um mundo perfeito se as coisas que gostamos de fazer coincidissem exatamente com o que a sociedade acha importante. Mas, aí, quem tiraria o lixo das ruas, quem trabalharia de carpinteiro, pedreiro, diarista, empregado doméstico, coisas que ninguém teoricamente quer fazer?

Muitos jovens sonham trabalhar em grandes corporações, ter altos cargos, serem médicos, advogados. Mas o sonho é muitas vezes influenciado pelos pais, que, quando nasce o filho, já profetizam: meu filho vai ser isso ou aquilo.

O sonho de muitos trabalhadores de receber um salário para "fazer o que se gosta" somente é alcançado por alguns com um pouco mais de sorte ou que aproveitaram as oportunidades que surgiram. Esses mais bem remunerados podem ter o que gostam, fazer ótimas viagens, ter carros importados na garagem, uma ótima casa, quem sabe casa na praia, status social, recompensas por bons negócios, aspectos que fazem parte da vida de menos de 1% da sociedade.

O que seria de nós se ninguém produzisse sapatos e meias, só porque não é uma coisa agradável de ser feita? Pediatras e obstetras atendem às duas horas da manhã. Médicos e enfermeiras atendem aos sábados e domingos não porque gostam, mas porque isso tem de ser feito.

Empresas, hospitais, entidades beneficentes estão aí para fazer o que precisa ser feito, aos sábados, domingos e feriados. Também postos de combustível nos permitem viajar nos finais de semana. Por isso, é importante respeitar mais os altruístas, que fazem aquilo que tem de ser feito, do que os egoístas, que só querem "fazer o que gostam". Será que os funcionários desses postos, por terem de trabalhar aos feriados e domingos, odeiam sua profissão por esse detalhe? Acredito que não. A máquina não pode parar. Alguém tem de fazer esse esforço e sentir-se bem no que faz.

Muitas pessoas acreditam que são condenadas a uma vida profissional chata e opressiva. A saída para esse dilema é aprender a gostar do que você faz. Isso é mais fácil do que se pensa. Basta fazer seu trabalho com esmero, bem feito. Curtir o prazer da excelência, o prazer estético da qualidade e da perfeição.

Aliás, este não é um conselho somente profissional, é um conselho de vida. Se vale a pena fazer algo na vida, terá que necessariamente ser bem feito. Tentar viver com este objetivo pode não deixa-lo rico, mas o deixa feliz. Provavelmente nada lhe faltará, porque se paga melhor àqueles que fazem o trabalho bem feito do que àqueles que fazem o mínimo necessário.

Se quiser procurar algo, descubra suas habilidades naturais, que permitirão realizar seu trabalho com distinção e o deixarão à frente dos demais. Muitos profissionais odeiam o que fazem porque não se prepararam adequadamente, não estudaram o suficiente, não sabem fazer aquilo que gostam, caracterizando trabalhos mal feitos.

Sempre procurei fazer as coisas com atenção e competência. Fiz muitas coisas chatas na vida, mas sempre fiz questão de fazê-las bem feitas. Sou até criticado por isso, pela minha filha, por meus colegas de trabalho, mas minha consciência está em paz por achar que essa é a melhor saída para quem quer progredir em sua profissão e no mercado de trabalho.

Como atuo no ramo de marketing, observação é um dos fatores que norteiam minha profissão. Vejo tantas pessoas fazendo coisas com esmero que às vezes me pergunto se elas não são melhores do que eu. Em contrapartida, vejo outros profissionais desperdiçando ótimas oportunidades, mesmo sendo dotados de qualidades.

Hoje, percebo que foi esse perfeccionismo que me permitiu sobreviver à chatice da vida, que me fez gostar das coisas não agradáveis que tenho de fazer. Gostar do seu trabalho, tentar fazê-lo bem feito. Ser o melhor em sua área, destacar-se pela precisão. Ser aplaudido, valorizado, procurado, outras portas se abrirão. Comece até a ser criativo, isso é um raro prazer.

Façaa seu trabalho malfeito e odiará o que faz, odiando sua empresa, seu patrão, seus colegas, seu país e a si mesmo.

Planejamento pessoal

Toda experiência de aprendizado se inicia com uma experiência afetiva. O pensamento nasce do afeto, nasce da fome.

Rubem Alves

Um dia desses assistia a uma reportagem em que o repórter entrevistava uma viúva com nove filhos, sendo que o mais velho tinha 14 anos. Na panela, alguns pedaços de cactos para preparo de uma sopa. Água limpa, nem pensar; arroz, feijão, carne, só em sonho. O repórter, que já havia participado da cobertura de guerras e tragédias, não conteve o choro. A viúva simplesmente colocava tudo nas mãos de Deus.

Veio em minha mente a idéia de que Deus alimenta todos os pássaros, mas não atira comida dentro do ninho. Somos um país muito religioso, constituindo a maior população católica do planeta e com uma série de outras religiões com grande número de seguidores. Muita gente fica parada, esperando que a solução dos problemas literalmente caia dos céus, quando, na prática, a solução está em atitudes próprias relacionadas pela sua vontade e decisão. A fé é importantíssima na nossa formação, mas ela por si só não muda muita coisa. Somos em essência um povo muito esperançoso, mas não podemos submeter a responsabilidade por nossos atos unicamente à Divina Providência. Não devemos esperar que todas as soluções, como num passe de mágica, caiam em nosso colo.

No caso da entrevistada, poderíamos ficar com pena, é claro, pois somos filantrópicos por natureza. Mas pena também não resolve os problemas. E se esta senhora quando teve o primeiro filho pensasse pelo menos um pouquinho no seu futuro e no da criança? Teria outros, mesmo sabedora de toda a dificuldade para criá-los?

Culpa-se o governo por falta de política de conscientização da população. Existem problemas, é claro, mas a culpa não é só do governo. Para praticar o ato da concepção, ela teve convicção de que aquilo era correto. Será que depois de diversos filhos não percebeu que estava inchando gráficos e estatísticas com mais seres desnutridos, só pensando no seu prazer?

São a estas indagações que me reporto para falar sobre planejamento pessoal e suas nuances. Virtudes... Vivemos uma vida cheia de desafios. Deveríamos ser um povo virtuoso, em que os pressupostos básicos são: acreditar, planejar e agir. Estas, sim, devem ser as bases que sustentam a idealização de nossos objetivos. Falta um fator preponderante, que é o planejamento. Nessa vida agitada que vivemos, com excesso de estresse, complicações diárias e dificuldades, somos levados a não planejar nossos passos e nossas ações, usando-se muito o imediatismo para resolver nossos problemas e dificuldades.

Antes de deixar seus planos de lado, ou simplesmente adiá-los, reflita:

- Existem alternativas que viabilizem a execução imediata?
- Você poderá obter auxílio externo ou de outrem?
- Possui pessoas de sua confiança para pedir certas opiniões?
- Poderá você reconsiderar sua idéia original em prol de uma melhor resolução?

São vários os aspectos a serem analisados e principalmente estudados. Pode-se viver uma vida inteira sendo uma ótima pessoa e de quem todos gostam. Mas será que só isso dá o real sentido da vida? Será que é só isso? Afirmo com toda convicção que é preciso mais. É necessário muito planejamento para que possamos marcar nossa presença e passagem de forma positiva.

É importante que tenhamos uma vida edificante e edificar é construir, realizar. Fazer coisas de que possamos orgulhar a nós e a nossos descendentes. Podemos simplesmente viver dia após dia ou podemos interferir na vida, cutucando, provocando e fazendo acontecer?

São nossas atitudes que ditarão nossos sucessos e insucessos, nossa capacidade de realizar ou não, de conquistar ou de morrer querendo. Portanto, para vivermos e aproveitarmos a vida com todas as suas graças, cores e sabores, temos de recheá-la de decisões e atitudes. E tudo isso só se consegue com planejamento, que vem desde a mais tenra idade, passo a passo, demarcando a longa caminhada pela vida que se apresenta.

Caso contrário, estaremos vivendo sob a égide do "quase" e do "se" que nos fazem dizer e viver frases por vezes incômodas. Insistimos em não sair de nossa área de segurança, cômoda por sinal. Falta planejarmos as coisas com antecedência. Precisamos romper nossa letargia de ficar pensando, deixarmos de ser meros expectadores e passar a ser os atores, causando a grande diferença entre as pessoas que brincam de estátua e as que realmente interagem em seu mundo.

Não deixar para o dia seguinte tudo aquilo que se possa resolver no dia. Deixar para depois, aguardando sabe-se lá o que, traz dois efeitos negativos: o primeiro é o adiamento da própria situação. O segundo é o fato de que, quando se deixa para depois, a determinação e a coragem sofrem abalos que podem ser irrecuperáveis. Tendemos a desanimar e nossa convicção esmorece. Muitos dias depois, acabamos até por desistir das coisas, meramente por não as termos colocado em prática no tempo adequado.

Enfim, não penso que exista algum segredo, fórmula mágica ou receita para descobrirmos qual a atitude a ser tomada. Mas acredito, sim, que podemos desenvolver uma sensibilidade que ao menos nos permita perceber que estamos no caminho correto, sem essa incômoda sensação de perda de tempo.

Marido e mulher: o desafio de viver juntos

Há pessoas que nos falam e nem as escutamos; há pessoas que nos ferem e nem cicatrizes deixam. Mas há pessoas que simplesmente aparecem em nossa vida e que marcam para sempre.

Cecília Meireles

Um dia precisei dar uma palestra sobre transformar relacionamentos em casamentos e busquei inspiração em um texto (Ribeira, 2004) em que a premissa básica era o desafio de um homem e uma mulher viverem juntos.

Se estudarmos a história da humanidade, encontraremos agrupamentos humanos em todas as culturas, ocidentais ou orientais. Desde os primórdios da civilização, os homens se reuniram em torno de algo ou alguém, constituindo uma família, o segmento social mais primitivo já reconhecido. Os agrupamentos humanos apresentaram-se no decorrer dos séculos sob diversas formas e com diferentes finalidades.

Alguns sociólogos defendem a tese de que num primeiro momento histórico não havia normas que disciplinassem as uniões, inexistindo entre os homens e as mulheres vínculos de exclusividade; nesta fase de anomia, as relações sexuais eram indiscriminadas e praticadas por todos os membros dos grupos ou tribos, tendo-se como exemplo a poligamia, em que um homem desposava várias mulheres.

Outros teóricos defendem a natureza monogâmica do ser humano como ponto de partida para um agrupamento, primeiro sob a chefia da mulher, depois sob a do homem.

Entre esses agrupamentos, destaca-se as fases da horda, em que os homens e as mulheres viviam de forma nômade e sem regras de orientação de convivência, sendo muito comum a promiscuidade entre eles, com destaque para as paixões momentâneas, sem qualquer freio moral ou social.

Já numa segunda fase, os homens, que antes eram nômades, passaram a estabelecer morada permanente e viver da agricultura, erigindo a mulher como autoridade máxima, o que foi chamado de matriarcado.

E finalmente, em uma terceira fase, o homem assumiu a liderança do núcleo familiar, no patriarcado. Este sistema permanece até nossos dias e, mesmo após promulgada nossa Constituição em 1988, insiste em sobreviver no seio das famílias mais tradicionais e nos rincões mais atrasados de nosso país.

Nas primeiras famílias, a segurança proporcionada pelo grupo organizado aos seus membros, ainda que de forma primitiva, era muito mais relevante que a consangüinidade. Exercendo uma função de protetora contra as agressões externas, em um momento histórico de fragilidade do Estado, a família começou a se modificar.

O parentesco somente passou a ser observado nas famílias gregas e nas famílias romanas, identificando-se com o culto aos antepassados, o que muito contribuiu para a agregação ao redor da figura do pai (paternalista). No casamento romano já temos a qualificação do casamento como monogâmico, mas não passando de um fato social. Com a adoção do Cristianismo pelos romanos, o casamento se tornou um sacramento, simbolizando a união de Cristo e sua Igreja, passando a ser considerado uma união indissolúvel e abençoada por Deus.

Com a evolução, a Igreja chegou a interferir nos acontecimentos extraconjugais, como aborto, adultério e principalmente o concubinato.

Na Idade Média passou a fazer parte do rito matrimonial a autorização das famílias dos noivos, sempre influenciadas pela situação social e econômica das famílias, principalmente da mulher, cabendo a esta entregar um dote, pagando, portanto, ao pai do noivo uma espécie de indenização.

O casamento civil nasceu na Europa, mais precisamente na Holanda, no século XVI, consolidando-se na França no ano de 1767 e chegando às terras brasileiras somente no século XIX. Casamento significa compromisso. Significa: pertenço a você, vamos estar juntos para sempre e que haveremos de lutar para este casamento dar certo.

Considero o casamento um evento especial, como se déssemos uma satisfação à comunidade e não apenas um pedaço de papel sem nenhum significado. Quando o homem usa o anel de casamento, é como se fosse uma declaração ao mundo, não apenas de que está amando alguém, nem que está apenas orgulhoso disso. Diz ao mundo que está casado e que ama apenas uma pessoa, considerando sua companheira de forma especial. Na realidade o anel é um estado; assim como as empresas possuem seus símbolos, suas logomarcas, o casamento é representado pelo anel, respeitado há muito tempo pela sociedade organizada e pela Igreja.

Saber que você está casado com alguém deveria ser uma suprema e constante declaração de amor. Mas existem casamentos arranjados, como nas sociedades islâmicas, e os casamentos por obrigação, por causa de uma gravidez indesejada. Em um relacionamento sempre há uma ponta de dúvida: será que ele (ela) me ama? Você está sempre se questionando. Isso também pode existir no casamento, mas pelo menos ocorre dentro de uma estrutura completa de amor e compromisso que, se presume, foi assumido.

O que tem se notado atualmente são as uniões consensuais, sem oficialização, em que a flexibilidade da relação afeta sua própria estabilidade. As pessoas vivem juntas, se amam, saem juntas, compartilham do mesmo espaço e do mesmo dinheiro, não achando necessário o casamento. Não que o casamento prenda alguém, mas a proclamação total do amor encerra todos os sentimentos pela outra pessoa. É uma prática perigosa, pois, no primeiro deslize de uma das partes, abrem-se precedentes para uma dissolução imediata, em razão de relação ser informal.

O casamento ideal é aquele em que são respeitados os princípios básicos de uma união, ou seja: confiança, responsabilidade, cumplicidade e atitude, mesmo que os bolsos estejam vazios e a estética dele ou dela não seja das melhores.

A doação de um para o outro é importantíssima, pois, sem esse predicativo, a relação tende a ser unilateral e, depois de certo tempo, desgastante.

Antigamente, mesmo com um mar de dificuldades e barreiras entre marido e mulher, eram elos eternizados. Com o passar do tempo, vieram as rupturas, às vezes motivadas por pequenas brigas. As novelas, os filmes, os livros e o teatro passaram a refletir inclusive o modismo do divórcio, eternizando diversos sucessos, entre os quais as novelas de televisão, que se utilizam muito das nuances do casamento para estabelecerem suas pautas e, com isso, atingindo grande sucesso junto ao público.

Psicólogos afirmam que, há alguns anos, os cônjuges os procuravam no último instante, quando a separação já se tornava eminente. Hoje esta realidade mudou. O psicólogo é procurado para orientá-los como agir para proteger a instituição do casamento.

Outro aspecto que deve ser considerado são as questões sexuais. Penso que um casamento só perdura se houver pleno entendimento, harmonia e intimidade na atividade sexual do casal. É importante também salientar que quando uma relação não anda bem, não se deve tentar gerar um filho para "segurar" o casamento. Se existem indícios de problemas, eles acontecerão. E as grandes vítimas desses problemas serão filhos indesejados, seres gerados num ambiente que se tornou conturbado.

Claros sinais de que o amor acabou ou mesmo de que algo está errado no casamento abrem confusão sobre que decisão tomar; afinal, são muitos anos de relacionamento, um amor construído com carinho, um relacionamento que tinha todos os ingredientes para dar certo. É assim que muitos pensam quando não estão bem com o parceiro, mas será que é preciso continuar, só porque os planos iniciais foram esses? Ou será necessário terminar uma relação que muitas vezes pode estar somente abalada? O melhor remédio para não tomar decisões precipitadas e acabar se arrependendo depois é pensar e refletir.

Alguns problemas num relacionamento, principalmente no casamento, são típicos e claros, como falta de dinheiro, conflitos de família ou falta de tempo, e tais problemas podem confundir os sentimentos. Quando existe o amor verdadeiro, passar por essas dificuldades é a principal prova. O amor chega quando somos capazes de ver, compreender e aceitar as diferenças do parceiro, principalmente quanto à personalidade. A partir do momento em que algo não vai bem e se pensa em separação, pode ser o sinal de que está na hora de parar, pensar e discutir os motivos desse sentimento.

É necessário muito tato nessa hora. Tentar compreender os motivos do outro, as dificuldades e o que realmente está desgastando a relação a dois, para se tomar a decisão mais correta e menos dolorosa possível. Um grande separador de casais são os sonhos individuais. Quando eles começam a tomar rumos diferentes na vida que se tornam incompatíveis, pode ser um sinal de que está na hora de parar e ver o que realmente é importante para os dois. Para que a separação não aconteça, é importante manter a individualidade de cada um, mas fazer esforços para estar juntos; participar ativamente de tudo o que o parceiro faz é importantíssimo para a plena felicidade.

Não é necessário viver para o outro, mas, sim, com os outros, nos momentos de alegria, tristeza, ir a restaurantes diferentes, um filminho no cinema, uma peça de teatro etc.

O sonho de toda a pessoa é encontrar outra que a complete. E quando um casal decide ficar junto, muito do sucesso da relação vai depender de como você age para que ela dure por muito tempo.

O autor do livro *Vida conjugal, harmonia e maturidade*, Walter Lopes, afirma que é necessário aprender a preencher primeiro nossas necessidades inconscientes para depois descobrir as origens das carências que depositamos na união.

Acredita-se que a pessoa "ideal" para nós é aquela que age de maneira semelhante ao progenitor do sexo oposto. Por exemplo: o homem procura uma mulher que aja semelhante à sua mãe, e a mulher procura um homem que faça lembrar seu pai. Nenhuma pessoa vai se encaixar perfeitamente no padrão desejado, o que pode fazer é tentar melhorar para fazer o outro feliz.

Quando o relacionamento não está bem e a crise se prolonga por muito tempo, acaba desgastando-o ainda mais e pode transformar bons sentimentos em raiva ou desgosto. Os sinais mais comuns que indicam o fim de um relacionamento amoroso são as decepções, as mágoas, a crítica negativa às atitudes e ao comportamento do outro. Tal situação gera a implicância, o descaso e inúmeros outros sentimentos que levam a intolerância e ao desfecho final – a separação.

Caso seja essa a melhor solução para ambos, quando acontecer, deve ser encarada da melhor forma possível, para o bem deles. Dor, rancor, raiva, dúvida são sentimentos que irão surgir e somente você poderá responder a cada um deles.

Mas no casamento não basta ser amigos, ter interesses e gostos em comum. Para viver junto é preciso solidificar a relação através de quatro letras formadoras de uma das palavras mais importantes: o amor.

Se não existir amor, então o melhor é enfrentar a separação, dando oportunidade a cada um de refazer seu ciclo e preparar-se para buscar uma nova fase da vida que por certo será mais confortável para ambos.

O adultério causa mágoas profundas, decepções inimagináveis, levando o ser humano a tomar muitas vezes atitudes impensadas, movidas por sentimento de orgulho e, para não dizer, de revanchismo, de querer provar algo.

Depois da separação, é importante pensar em todos os pontos negativos e positivos daquela relação que terminou para poder tirar as lições. Não existe ruptura em que uma das partes possa dizer com propriedade que não errou. Os dois erram; cada um deve assumir a sua parte e ter depois uma relação harmoniosa, ponderada, pois tudo aquilo que aconteceu entre o casal não pode ser simplesmente largado numa lata de lixo. Existiram muitas situações importantes que certamente ficarão marcadas para o resto da vida.

Com todas as experiências, com as observações ao longo do tempo, penso que o casamento, a união de dois seres, é um fator único, imensurável, maravilhoso, que acaba sendo perpetuado com a geração de descendentes, que, por conseguinte, vão acabar também escrevendo com atos, palavras, emoções, sentimentos a sua própria história, herdando dos pais o conhecimento necessário e a experiência que depois também será repassada às novas gerações que os sucederão. Este é o desafio de viver juntos, é o ciclo da vida.

> *Deixe que a razão comande seus atos, mas que o amor comande sua vida. Não deixe que o medo do futuro e a saudade do passado estraguem o dia de hoje, pois um momento vale uma vida.*
>
> Napoleon Hill

A beleza em vários aspectos

O que é belo não morre. Transforma-se em outra beleza.

T. B. Aldrich

Sabe-se, desde a "receita" musical de Vinícius de Moraes, que beleza é fundamental. A vida moderna dramatizou os padrões e agora a beleza é uma exigência tida como indispensável, perseguida por homens e mulheres de todas as idades.

O inglês Bacon, o filósofo, dizia que informação é poder. Já o poeta Keats o corrigiu: "A beleza é uma lei eterna: o primeiro em beleza será o primeiro em poder". E o mestre Maricá, mestre das ironias, enquadrou a beleza numa tabuada de valores financeiros: "A beleza é uma letra que se vence à vista, enquanto a sabedoria tem o seu vencimento a prazo".

Pois a beleza não só pode ser obtida a prazo, como passou a ser a nova e obsessiva utopia "em prestações ou no cartão".

Ninguém mais nasce irremediavelmente feio ou irretocavelmente bonito. Quase tudo é realizável numa mesa de cirurgia estética, pois hoje em dia a cirurgia plástica alcançou notáveis avanços a custos acessíveis à maior parte da população.

A plástica em "doze vezes no cartão" passou a ser o passaporte para a beleza, a partir do momento em que várias pessoas obtiveram da natureza a chamada beleza básica, nada que chamasse a atenção. Com as facilidades de pagamento colocadas à disposição por clínicas especializadas, é possível mudar aqueles pontos do corpo que não se acha tão perfeitos. De uma só vez, submetem-se a vários melhoramentos: corrigindo as orelhas em abano, fazendo lipoaspiração na cintura e, claro, dando "substância" aos seios, com duas próteses de 250 ml de silicone. Resultado: pessoas satisfeitas com as correções efetuadas, cada vez mais perfeitas.

Os cirurgiões de hoje já não operam somente reconstruções estéticas, constroem beleza. Até os homens já embarcaram nessa onda para retirar bolsa sob os olhos, papadas, mantas de pneus abdominais, até algum excesso de nádegas.

Já não vale aquela máxima segundo a qual "homem não precisa ser bonito". Até certa época, a falta de beleza era menos restritiva do que a econômica. Hoje uma "barriga" pode ser motivo para o boicote em uma festa, muito mais do que um eventual preconceito de cor. Neste último caso, pelo menos existe a proteção da Lei Afonso Arinos.

O que me inspirou a escrever este capítulo foi ler uma matéria sobre saúde em uma revista semanal, na qual encontrei uma interessante reportagem acerca dos "pneus" indesejados, em que se pode claramente perceber que essas aglutinações indesejadas de massa gordurosa constituem-se em perigo para a saúde. Diversos especialistas dão suas dicas de como podemos agir para conseguir diminuir estas discrepâncias de nossa saúde corporal.

Cito ainda um comentário do escritor Luiz Antonio de Assis Brasil: "Recuperemos o belo, antes que o feio nos sufoque." E pode sufocar, dependendo dos quilos a mais adquiridos, tornando a vida social do ser humano mais desconfortável. É necessário levar muito em consideração nossa saúde corporal, pois vai trazer conseqüências emocionais, tornando as pessoas não tão dispostas e competitivas quanto as que estão em plena forma física.

E, numa comparação sobre o belo e a beleza, entro num campo em que deixo de lado momentaneamente a beleza corporal, abrangendo todas as demais coisas que estabelecem padrões de beleza. Recorro às citações de estudiosos sobre o assunto que tentarei transmitir a seguir. A beleza não está só no corpo, está em toda parte e o belo existe.

Segundo Bertolt Brecht, o "belo", no século XX foi sufocado pelas distorções apresentadas por ocasião das grandes disparidades sociais originadas pela Revolução Industrial.

Nesse período, na Literatura, a questão tomou acentos surrealistas, como a proibição de dizer uma frase como "poderia ser bela". No máximo, poderia ser bem construída.

Surge nos dias atuais, principalmente na Europa, berço da nossa civilização (um ponto referencial para qualquer análise de qualquer espécie, principalmente pela sua cultura) uma bem-vinda idéia de recuperação da beleza.

O belo existe nos quadros dos mais exóticos pintores. Cada um com sua característica própria. Há, sim, a beleza sem culpa. Há belas frases e belos sentimentos.

Movimentos para recuperação de cidades acontecem, em que pontos outrora abandonados e sujeitos a incursões de marginais e drogados estão sendo substituídos por modernos parques, edifícios, centros comercias e de lazer. Um dos pontos mais "feios" de São Paulo, a marginal do Tietê, está recebendo o plantio de gramas e flores às margens do rio, transformando aquele local num local mais aprazível aos que por lá transitam.

Recuperemos o belo, antes que o feio nos sufoque; em nosso corpo, em nossa essência, na matéria, nas nossas praças, jardins, cidades.

Um dia, por certo acordaremos e veremos que o belo está dentro de cada um e, com isso, conseguiremos construir um mundo mais equilibrado, saudável e, acima de tudo, conquistaremos com a suavidade da alma e a leveza dos corpos um bem-aventurado existir. Só dependerá de nós.

Para que serve um amigo?

Em breves palavras, dir-vos-ei o que distingue um amigo: quando agimos mal, ele nos adverte; quando agimos bem, ele nos exorta à perseverança; quando estamos em dificuldade ou perigo, ele nos ajuda e alivia. Um homem assim é verdadeiramente um amigo.

Fo-pen-hing-tsih-king

Num momento de pura reflexão, em minhas últimas férias, olhando o belo pôr-do-sol do lago de Itaipu, encontrei-me pensando e tentando quantificar ou quem sabe qualificar quem eram meus verdadeiros amigos.

"Amigo", palavra utilizada em poesias, músicas, livros, com um significado muito mais importante do que apenas as cinco letras que a compõe.

Confesso que lembrei imediatamente de três, quatro, cinco... Epa! e agora? Parou por aí? Já comecei a achar difícil me lembrar de outros nomes.

Assim é a amizade: verdadeira, ímpar, insubstituível, escassa, a quem confiamos nossos maiores segredos, sucessos, derrotas, conquistas, devaneios, medos; muitas vezes confiamos mais nos amigos do que em nossos familiares.

Amigo é a pessoa que se aproxima desinteressadamente de nós, não de nossos pertences ou de nossa influência. É aquela que racha a gasolina, empresta a prancha, caminha junto no shopping, toma chope no *happy-hour*. E, na maioria das vezes, aparece do nada, num relacionamento comercial, numa festa, num almoço, num jogo de futebol, no shopping, onde por quase um encanto nos identificamos, tendo a sensação de que já nos conhecíamos há tempos, tamanha a rapidez da coincidência de idéias e pensamentos, com os quais ficamos muito felizes, com uma reação semelhante a de quando ganhamos um presente, numa reação de alegria e gratidão pelo gesto de carinho recebido.

Nossos amigos devem ser nossos espelhos para que por meio deles possamos nos olhar. Ser amigo é rir junto, dar o ombro para chorar, é poder criticar, é poder aparecer de chinelo de dedo e de roupão para recebê-lo, é poder brigar e voltar um minuto depois, sem ter de dar explicação nenhuma (Luft, 2006). A amizade é indispensável para enfrentarmos nossas adversidades, pois é nesses momentos que realmente precisamos dela.

Quem não precisa de um amigo disponível e atento para nos ouvir?

Quem não gostaria de ter um amigo que nos aceita, apesar de nossas imperfeições?

Você consegue imaginar um amigo sacrificando momentos preciosos de sua vida para nos acudir, interceder por nós em instantes de dificuldades, se sacrificar por nós, quem sabe dar a própria vida?

Pois tenho um belo exemplo para contar.

Fiquei sem automóvel para ir à faculdade por um tempo. Surgiu um amigo que me ofereceu carona diariamente, sem que eu pedisse. Aquele gesto, tenho certeza, guardarei para sempre.

Exemplos como este servem para ilustrar o que realmente é a verdadeira amizade. O amigo verdadeiro empresta o ombro, passa apuros, segura uma confissão, segura a mão.

A importância de um amigo chega ao ponto de muitas vezes se conversar mais com ele do que com seus próprios familiares. Cria-se uma afinidade tal que aos poucos surgem diálogos, favores, às vezes mais intensos do que com a família.

Do ponto de vista da psicologia, o ser humano não consegue viver plenamente sozinho, sem ter com quem conversar. Estudos apontam que grande número de suicídios são causados pela solidão. A necessidade de ser sociável é intrínseca ao ser humano, que busca muitas vezes afoitamente relacionamentos.

Amigos surgem muitas vezes do nada e, aos poucos, vão conquistando nossa confiança. E assim como nós vamos atrás de amigos, outros também o fazem. Pessoas conhecidas temos às centenas, milhares. São passageiros, mas amigos, esses sim, mexem muito com a gente, são eternos. (Cecília Meireles)

Mas, assim como conquistamos amizades, podemos muitas vezes nos frustrar com algum amigo. Confesso que é uma dor profunda, pois nos sentimos traídos por aquele ou aquela em que depositamos todos os nossos segredos. Não são raros os casos em que essa "traição" acaba por magoar tão profundamente o indivíduo que acaba virando uma forte depressão, levando-nos a questionar todos os valores humanos herdados até o momento.

Para uma amizade progredir, é necessário, como num casamento, a necessidade de cumplicidade, de um ceder ao outro, respeitando as particularidades e individualidades e com troca de conhecimentos e ajuda mútua.

Pois o verdadeiro amigo é confiável e estimulante, engraçado e grave, às vezes irritante; pode se afastar, mas sabemos que retorna; ele nos agüenta e nos chama, nos dá impulso e abrigo, e nos faz ser melhores: como o verdadeiro amor (Luft, 2006).

Deixo no ar um questionamento: quem não teve um grande amigo? Tenho certeza de que quem estiver lendo lembrará de bons momentos e ótimos amigos, cultivados com o decorrer do tempo. Eles são muito importantes para todos nós em nossa caminhada.

E você, também quer ser meu amigo?

O cotidiano

Qualquer um pode carregar seu fardo, embora pesado, até o anoitecer. Qualquer um pode fazer seu trabalho, embora árduo, por um dia. Qualquer um pode viver mansamente, pacientemente, amistosamente até que o sol se ponha. E isso é o que a vida realmente requer.

Robert-Louis Stevenson

Quando abrimos os olhos ao amanhecer, normalmente temos o hábito de reclamar por termos de levantar tão cedo e cumprir mais um dia de trabalho, com reuniões intermináveis, problemas que surgem às dezenas, ou simplesmente por acordarmos com algum problema ou preocupação que torna nosso coração amargo e cheio de dúvidas.

Ao sairmos de casa pensando em todos estes fatos, tendemos a pensar e acreditar que somos desafortunados e que a vida não tem nos dado o que realmente merecíamos ou, então, pensamos em nosso Deus, achando que Ele não tem se preocupado conosco o suficiente.

A cada dia que isso acontece, nossa aura se escurece, ficamos negativos, chatos, passamos a tratar quem está ao nosso lado de forma deselegante e, muitas vezes, acabamos magoando pessoas queridas e achamos que é justamente para nós que as coisas não estão dando certo.

Eis que, de repente, nos deparamos com uma criança com os pés descalços, vestindo farrapos velhos e sujos e extremamente desnutrida... Ou uma pessoa que não pode mais andar e correr como nós...

Ou quem sabe alguma pessoa com idadc avançada, que, após criar, educar e alimentar seus filhos, foi abandonada nas ruas à sua própria sorte. Nesse momento, nosso mundo fica paralisado e nosso pensamento reflete a mais pura verdade: sempre tem alguém em maiores dificuldades do que nós e a quem podemos ajudar. Muitas vezes com um gesto, uma palavra, um abraço, um pouco de comida. Quando nos deparamos com cenas chocantes de miséria e fome, começamos a lembrar da cama quente em que dormimos, do beijo que nossa esposa nos deu pela manhã, no abraço que nossos filhos nos presentearam ao despertar, no café com leite e o pão quentinho que nos aguardava para o desjejum, na felicidade de caminhar de forma saudável; acreditamos que os carros nem precisariam existir, quando, muitas vezes, reclamamos porque não tínhamos posses para adquirir um carro ou trocá-lo por um modelo mais novo.

No momento em que chegamos ao trabalho e nos deparamos com a oportunidade digna e honesta que Deus nos deu para ganharmos o sustento de nossa família, lembramos dos verdadeiramente desafortunados, que, pela falta de oportunidade ou mesmo negligência e falta de esforço, naquele momento encontram-se entregues à má sorte.

Naquele instante, acabamos tendo a certeza de que somos pessoas especiais e muito felizes. Após o trabalho, passamos rapidamente na casa de nossos queridos pais, que sempre nos aguardam com chimarrão, bolachinhas e carinho, somos recebidos com um sorriso verdadeiro e um abraço gostoso, independentemente dos erros que tenhamos cometido em nossa vida ou do humor em épocas passadas.

Esse fato nos fortalece e nos mostra que devemos aproveitar cada segundo e cada momento com nossos queridos pais como se fosse o último, pois a qualquer momento nosso Grande Arquiteto do Universo poderá chamar-nos para o seu lado. Devemos, sobretudo aproveitar o alto grau de conhecimento, de experiência de vida que os mesmos têm para nos passar, para que passemos aos nossos filhos, aos nossos netos. Eles sempre têm razão...

Finalmente, ao voltarmos ao nosso querido lar, após um dia exaustivo e de onde partimos pela manhã receosos, preocupados, achando que nossa vida deveria ser melhor, somos recebidos com o sorriso e o abraço aconchegante de nossos filhos, para quem representamos de fato o porto seguro e o exemplo a ser seguido.

Simultaneamente, chega nossa esposa, cansada após um dia repleto de responsabilidades, e que também estava em busca de oportunidades e do seu espaço profissional para auxiliar no crescimento e desenvolvimento de nossa família.

Depois de passarmos tudo isso num determinado dia, qualquer dia, em qualquer lugar do mundo, deitamos em nossas camas, restando somente uma coisa a fazer: "Deus, muito obrigado por tudo que tem nos proporcionado!".

E se fez escuro.

A eterna busca da felicidade

O verdadeiro segredo da felicidade consiste em exigir muito de si mesmo e pouco dos outros.

Guinon

Assistindo ao filme *Uma lição de amor,* consegui chegar à conclusão de que é verdadeiramente uma grande lição de amor. Conta a história de uma pessoa adulta com a idade mental de sete anos que, por acidente, acaba se tornando pai. Embora tivesse dificuldades, com a ajuda de amigos consegue dar uma educação digna à sua filha.

O filme nos faz pensar em alguns pontos importantes para se ter uma vida feliz: a saúde, os amigos, a convivência com as pessoas que amamos e o presente herdado de estarmos vivos e poder todo o dia ver o espetáculo do nascer e do pôr-do-sol.

Muitos acordam todos os dias e nem ao menos cumprimentam seus familiares ou colegas de trabalho, vivem de mau-humor, perdem a paciência com facilidade, esquecendo de que nos pequenos detalhes, nas pequenas coisas da vida é que estão nossas maiores riquezas e que muitas vezes só as enxergamos quando as perdemos.

É inerente ao ser humano procurar se comparar ou estabelecer metas para si observando as pessoas que estão acima, profissional ou economicamente falando.

Devemos pensar que essas informações se referem a uma pequena parcela da população que tem capacidade ou oportunidade para empreender essa busca.

Precisamos lembrar das pessoas que estão em piores condições que a nossa como, por exemplo, um pai de família que recebe um salário mínimo por mês; também os portadores de deficiência física. Não que essas pessoas sejam marginalizadas e que devamos olhá-las com sensação de pena. Devemos é ter em mente as dificuldades que elas precisam enfrentar e, mesmo assim, são felizes.

Muitas vezes somos infantis, cheios de preconceitos e medo, impregnados de teorias mal-interpretadas e pessimamente aplicadas, mas mesmo, estando às vezes errados, construímos nosso destino.

O filósofo britânico David Hume (1711-1776), analisando o que o homem normalmente faz para atingir a felicidade, afirma que alguns pensadores consideram que o homem se guia mais à luz da razão em vez da emoção, e buscam esse entendimento muitas vezes passando por cima de outras pessoas em benefício próprio. De certa forma, o filósofo quer que usemos a razão para aperfeiçoar os costumes e as atitudes, e é a razão que deve estar à frente, sempre, em detrimento da emoção, sem, no entanto prejudicar ninguém em benefício próprio. Esse conceito vem do século XVII e é atualíssimo.

Por isso, quando nos comparamos aos mais afortunados, devemos sempre ter em mente o que fazemos para tentar chegar lá e saciar nossos desejos, nossos sonhos e aquilo que para nós é ser feliz plenamente.

Reclamamos bastante, é verdade, mas fizemos pouco para tentar mudar as coisas, interagir em nosso destino. Temos que nos acostumar com os obstáculos e transformá-los em aprendizado, dando o melhor que temos, mesmo que as chances de sucesso sejam pequenas. Não importa a dor, a fadiga e a incerteza. O importante é que os reveses nos ensinam que as maiores barreiras não estão nos problemas em si, mas, sim, dentro das próprias pessoas, em suas mentes.

Nossa poderosa mente pode nos ajudar a chegarmos mais facilmente ao exercício do amor, da compaixão, da paciência, da tolerância, da humildade e da capacidade de perdoar.

Mas para tanto precisamos nos ajudar, estimulando nossas mentes com pensamentos positivos, apagando falsos conceitos e principalmente nos afastando de pessoas que possuem a capacidade de nos deixar abatidos, os pessimistas.

A eterna busca da felicidade está incrustada na mente das pessoas, mesmo que às vezes erremos o rumo, mesmo que tenhamos que atravessar rios caudalosos e pontes escorregadias, mesmo que muitas adversidades nos sejam impostas. A real felicidade existe, e está muito pertinho, perto demais. Ela está dentro de cada um, em nossas poderosas mentes. Só depende de nós.

Dinheiro e felicidade: será que existe relação?

O homem tem três amigos: o dinheiro só até a morte; os parentes, até a sepultura; as boas obras para sempre.

Autor desconhecido

A maioria dos psicólogos e sociólogos concorda que não existe uma relação exata entre dinheiro e felicidade. Entre os pobres, contudo, como o dinheiro tem um impacto significativo na qualidade de vida, este pode influenciar no grau da felicidade.

Em contrapartida, um pobre pode de uma hora para outra obter muito dinheiro, passando para o outro lado, assim como o mais rico pode perder tudo e sofrer uma mudança de hábitos profunda. É preciso pensar quem seria mais afetado – os pobres, que não estavam acostumados com as melhores coisas e passaram a ter, ou ricos, que seriam obrigados a diminuir drasticamente seu padrão de vida.

Esse tema tem sido alvo de discussão entre filósofos e psicólogos há muito tempo e mais recentemente ele também tem atraído a atenção dos economistas. Dentre as descobertas está a de que as pessoas que vivem em países ricos não são mais felizes do que aquelas que vivem em países pobres.

Se olharmos para os americanos e fizermos uma análise, podemos chegar à mesma conclusão que o sociólogo David Myers, que lembra que, apesar de estarem duas vezes mais ricos do que eram em 1957, o grau de felicidade dos americanos caiu pela metade. Também é dele a constatação de que, na década de 1980, apesar de terem o dobro da renda dos irlandeses, os alemães ocidentais não eram mais felizes.

Já o professor de Psicologia de Illinois, Ed Diener, constatou que não existe uma diferença significativa entre o grau de felicidade dos milionários norte-americanos que fazem parte da lista dos quatrocentos mais ricos do mundo da revista *Forbes*, e os pastores do leste da África, que vivem obviamente um tipo de vida mais simpes.

Diener também verificou que os cem americanos mais ricos são apenas ligeiramente mais felizes do que o americano médio. Na prática, o que essas constatações sugerem é que, uma vez atendidas as necessidades básicas da vida, não existe uma relação direta entre dinheiro e felicidade.

Os estudos também afirmam que o recebimento inesperado de uma quantia de dinheiro, como ganhar na loteria ou receber uma herança, pode trazer uma felicidade apenas temporária. Aliás, no que se refere à loteria, o que se constata é diferente: boa parte das pessoas que ganham esse tipo de prêmio acaba perdendo o controle financeiro de suas vidas e se sentem infelizes a longo prazo.

Porém, se o dinheiro não é sinônimo de felicidade, então o que faz as pessoas felizes? Segundo estudo elaborado pelo Centro Nacional de Pesquisa da Universidade de Chicago, boas relações sociais com amigos, familiares, com o cônjuge, boa saúde e algum tipo de participação comunitária são fatores que contribuem para a felicidade.

Os estudos também evidenciam que as pessoas que se concentram no próprio sucesso e não vivem constantemente se comparando aos outros, em termos de renda, tempo com a família etc., tendem a ser mais felizes.

Em outras palavras, ter objetivos definidos parece ser o primeiro passo para a felicidade. Caso contrário, corre-se o risco de se buscar constantemente a felicidade dos outros. Ao definir o que nos faria feliz, (por exemplo compra de uma casa, educação dos filhos etc.), transformando o dinheiro que pretendemos acumular em ferramenta para o alcance de sua felicidade, e não um fim.

Então como explicar essa busca incessante que nós temos pela matéria, riqueza? Para o economista Richard Easterlin, essa busca se justifica pelo prazer – ainda que momentâneo – que as pessoas sentem ao acumular dinheiro. Trata-se, porém, de uma sensação de curto prazo, uma vez que o homem moderno vive em constante comparação com os outros. Assim, na prática, basta obter um aumento no salário para rapidamente encontrar uma aplicação para esse dinheiro extra e começar a almejar outro aumento.

Para o economista David Blachflower, o fator idade também influencia. Em sua opinião, o gráfico da felicidade por idade tem formato de "U", já que mais pessoas tendem a ser mais felizes quando jovens e na terceira idade. Por sua vez, a felicidade é menor na meia idade, quando nos aproximamos dos 40 anos.

Há de se ressaltar o fato de doenças serem enfrentadas com dinheiro e sem dinheiro. Muitos conseguem (com dinheiro) prolongar em vários anos sua vida por meio do acesso a serviços médicos de melhor qualidade, pois quem depende do atendimento na saúde pública não tem a mesma comodidade.

A grande felicidade está na mente de cada um. Com dinheiro ou sem, a pessoa faz sua felicidade. Sou testemunha de que muitas pessoas que trabalharam comigo, recebendo salários menores, eram mais felizes do que eu.

Quando recebem um salário menor, projetam-se objetivos às vezes inatingíveis. Diz a letra da música de um cantor brasileiro, Zé Geraldo, "quanto maior o vôo, maior o tombo". Assim é em nossa vida, quando colocamos objetivos muito distantes de nossas reais condições, acabamos por nos frustrar. Mas, como afirmei algumas linhas atrás, a felicidade real está dentro da cabeça das pessoas, com dinheiro ou sem dinheiro. Basta correr atrás dela com vontade e imaginação e você a obterá.

A questão da individualidade

Há homens que lutam um dia, e são bons. Há homens que lutam vários dias, e são melhores. Há homens que lutam anos, e são excelentes. Mas há os que lutam toda a vida, e estes são os imprescindíveis.

Bertolt Brecht

Quando chegamos à pré-adolescência, já achamos que podemos fazer diversas coisas, ter mais responsabilidades, escolher nossas roupas e outros objetos de consumo.

Na juventude, a liberdade extrapola. Nossas atitudes parecem não ter limites, somos os donos de nosso nariz. Nossos pais parecem estar ficando ultrapassados. Seus conselhos não são tão eficazes como antes.

O tempo passa e percebemos que fazemos parte de um meio, de uma sociedade cheia de normas e preconceitos. Nossa atividade profissional se torna muito intensa, pois estamos naquela fase em que temos diversos objetivos, somos seres de consumo. Começam os relacionamentos amorosos. O tempo vai ficando cada vez mais escasso. Muitas vezes trabalhamos o dia inteiro, à noite vamos à faculdade e depois ao chegar em casa temos ainda de estudar para as provas do dia seguinte.

Volto ao início do pensamento anterior: o tempo passa e percebemos que não estamos nos dedicando a um personagem importante nessa história toda: nós mesmos. Normalmente, nos relegamos à terceira pessoa, priorizando o prazer, a satisfação do próximo.

Vários psicólogos concordam com uma regra que pode servir a todos: façamos de conta que nossa vida é um círculo. Dentro dele estão nossos filhos, cônjuge e afazeres sociais. Estamos misturados a todos esses setores da vida. Em meio a tudo isso, temos de separar um cantinho exclusivo para o nosso eu. A essa parte do círculo os demais aspectos não podem ter alcance. Deve ser reservada para o *eu*, tido como capaz e racional.

Esse canto há de ser valorizado, sabendo que se ele não estiver bem, todo o resto irá mal. É esse *eu*, resguardado, que nos encoraja a efetuar mudanças na vida, a lutar e superar os erros. Não devemos vincular nossa felicidade ou objetivos da vida exclusivamente em alguém ou em alguma coisa. Nenhuma dependência emocional, psíquica, deverá ser levada a ferro e fogo. Temos de ser o *eu* capaz de decidir, de aprender, de refletir, de sorrir, de experimentar situações novas que jamais devem ser esquecidas no círculo da vida.

Se separarmos um cantinho do círculo para nós mesmos, evitando que seja corrompido pelas dificuldades, teremos mais chances de manter o equilíbrio. Certamente menos erros aconteceriam e a felicidade seria maior. Todo *eu* tem capacidade de agir. Mas para isso precisamos separar um tempo de nosso cotidiano profundamente agitado para pensarmos naquilo que temos feito, para que, quando precisarmos do *eu*, ele esteja forte e íntegro para mobilizar todo o resto do círculo e ser uma pessoa digna e feliz.

Só que esse isolamento não deve ser sempre seguido à risca, pois pode levar o indivíduo a atingir um outro nível elevado da existência, desgastante: a solidão.

Somos capazes de cuidar de nós mesmos e ser felizes. Mas nascemos para viver em grupos. E saber que podemos aliar felicidade com convivência entre outras pessoas é um refresco para a alma.

Recentemente, em Porto Alegre, tive a oportunidade de conhecer em um hotel o quarto onde viveu durante muito tempo o poeta Mário Quintana. E sozinho. De lá surgiram os mais belos poemas desse autor que, depois de morto, é tido como um ícone da literatura brasileira. O quarto é o retrato do que uma pessoa vivendo sozinha cultua. Estava tudo como ele havia deixado no dia da sua morte. Nota-se aspectos e objetos que levam a crer que viver sozinho tem lá seus inconvenientes, suas marcas registradas, na falta de um amor pelo menos conhecido.

Por isso, o eu é importante, mas não pode se tornar uma regra. As pessoas que vivem sozinhas, com o passar do tempo, tendem a se acomodar e achar que aquele modo de vida é o mais adequado, o mais confortável. Muitos se tornam pessoas repulsivas, outras reagem de outra maneira.

A exemplo de Mário Quintana, moro sozinho e posso afirmar que retiradas estratégicas podem ser interessantes, refletir sobre os fatos também, mas a convivência a dois faz bem para o corpo e a alma.

Lendo recentemente uma obra de James Hunter, *O monge e o executivo,* que narra uma história sobre a essência da liderança, o personagem principal, John Daily, executivo bem-sucedido, percebe que sua vida está ruindo: sua família, sua capacidade. Opta por se mudar por algum período para um mosteiro, onde, em companhia de mais cinco pessoas, faz uma ampla reflexão da vida, extraindo novas energias e novas formas de agir em seu trabalho, em sua casa, com seus amigos, abrindo caminho para o sucesso duradouro.

Usando o relato acima, sugiro que devamos cuidar do nosso eu, de nossa individualidade, "conversar com nós mesmos", refletir sobre atos e fatos, estabelecendo novas normas de comportamento e objetivos.

Somos capazes de cuidar de nós mesmos e sermos absolutamente felizes, independentes da vontade e desejos dos outros.

Mas não se esqueça de amar...

O lado obscuro da mente

As coisas nos parecem absurdas ou más porque delas só temos um conhecimento parcial e estamos na completa ignorância da ordem e coerência da natureza como um todo.

Spinoza

Nossa mente é algo extraordinário, tamanha a sua capacidade imaginação. Podemos em um instante atravessar o mundo ou mesmo chegar à Lua que a imagem se forma imediatamente em nossa mente.

Estudos comprovam que utilizamos tão somente de 5 a 7% da capacidade de nosso cérebro, e nossas atividades como seres pensantes aportam na enormidade de inutilidades que somos capazes de realizar. Imagine então se colocássemos ou aumentássemos nossa utilização em mais uns 10 ou 15%?

Assim já matamos, destruímos, curamos doenças, inventamos vacinas, temos sensibilidade, defeitos e qualidades.

Somos capazes de sonhar e, às vezes, até delirar. Nosso pensar sobre a questão dos limites do pensamento, do conhecimento, o aparecimento de uma fronteira, fica cada vez mais próxima, à medida que a inteligência humana descortina novos fenômenos. Então, na questão dos limites de nossa compreensão das coisas, o que fica para ser revelado é a constatação de que somos falíveis, pois, assim como geramos computadores superpotentes que substituem o homem em muitos afazeres, também conseguimos criar vírus que podem exterminar toda a raça humana. Isso é o que chamamos de tentativa de encontrar um fundamento comum com todas as nossas discrepâncias.

Tudo isso ocorre em função de nossa natureza espiritual, que transcende os limites normais de nossa materialidade corporal. Muitas vezes não compreendemos fenômenos. Ou, até exagerando, não nos conhecemos ou não entendemos algumas de nossas atitudes, muitas vezes tempestivas, não nos deixando saber se há uma dimensão simbólica do espírito, que por bem ou por mal nos torna seres frustrados em relação aos nossos limites.

No filme K-Pax, um estranho que chama a si mesmo de Prot surge do nada, depois de uma confusão numa estação de trem. Alegando chegar do distante planeta K-Pax, Prot desafia importantes cientistas e chama a atenção do desiludido Doutor Powel, cujo ceticismo inicial logo se transforma em euforia e, ao mesmo tempo, deslumbramento. O mesmo acontece com os especialistas envolvidos, como psicólogos e psiquiatras. Mas quando Prot anuncia seu iminente retorno a K-Pax, a procura por respostas se intensifica e o mistério assume proporções extraordinárias.

Quem assistiu ao filme, deve ter se questionado sobre até onde a mente humana é capaz de chegar. A começar pelo autor, que conseguiu instigar o público a raciocinar sobre a amplitude e as nuances do filme, dando um final bem particular e estimulante.

Convém lembrar que não podemos nos basear apenas na dimensão onírica, mas deve ser entendido como a constatação de que o ser humano possui uma realidade *sui generis,* sem duas pessoas exatamente iguais, mas com pensamentos e atitudes até certo ponto parecidas.

Numa linha semelhante, Sylvia Nasar escreveu um livro que acabou virando filme, *Uma mente brilhante*, obra espetacular em que o autor induz o espectador a refletir se o personagem é gênio ou louco, pela sua visão das coisas, elaborando teoremas e decifrando códigos secretos, fazendo de conta ou vivendo da maneira como sua mente decifrava as imagens captadas do exterior.

O sentimento de que algo exterior nos move e nos inspira deve se tornar o parâmetro limite de nossas incoerências e de nossos desafios.

Se o mundo do espírito é o do mito e das utopias, importa agora considerá-los revelação expressa de uma realidade que nos cabe interpretar e compreender, dimensionando o verdadeiro alcance das sugestões em nossa vida.

Pois a interpretação que a cultura moderna nos oferece dessas manifestações não é a adequada, na medida em que as coloca no campo das ideologias, sendo que, na verdade, a própria evolução histórica e cultural da humanidade "conspira" para tal.

Hoje o ser humano é capaz de "achar" os caminhos para o aperfeiçoamento pessoal, que permite enfrentar, e vencer, com muita facilidade, os obstáculos do dia-a-dia. Muitas vezes o aperfeiçoamento da vida interior se dá por meio da superação dos próprios limites. Um atleta olímpico que bate um recorde não ganha apenas uma medalha e glória instantânea – ele também dá um passo à frente em sua realização pessoal.

Empenho desse tipo permitiu que Beethoven, um dos maiores compositores de todos os tempos, criasse algumas de suas maiores obras, inclusive a Nona Sinfonia, sendo completamente surdo. Ele se esforçava para "escutar" os sons mentalmente e depois escrevia as partituras.

Muito me emocionam os jogos para-olímpicos, em que a superação dos limites do ser humano é assustadora e infindável. A busca pelo sucesso e pela vitória leva, em certas ocasiões, deficientes físicos a fazerem mais coisas do que as pessoas normais, cheias de saúde, e que, invariavelmente reclamam de tudo e de todos.

A busca pelo autoconhecimento, assim como as pressões do mundo moderno, tem feito com que cada vez mais pessoas busquem os benefícios de uma terapia milenar: a meditação.

Antes identificada apenas com religiões orientais, grupos esotéricos e alternativos, hoje a meditação se tornou uma mania em todo mundo.

Meditar significa exercitar o autocontrole, esvaziar a mente de problemas do dia-a-dia, que causam tensão e favorecem o aparecimento de doenças, permitindo enxergar o mundo de forma mais clara, medindo a vida não pela quantidade de anos vividos, mas pela qualidade.

O ser humano, além do estímulo ao uso de sua mente em maior escala, deve sempre buscar uma zona de proteção. Nela, o mundo gira na velocidade que cada um escolhe e não naquela que lhe é imposta pelo trabalho e pelas obrigações do dia-a-dia. Nessa zona de proteção, as pessoas podem fazer o que gostam e ser capazes de aperfeiçoar sua vida interior em todos os aspectos: mental, emocional, espiritual e social.

Se o ser humano souber dosar suas incursões, aproveitar o que de bom há nela e souber aproveitar o fluxo de sua mente, o mundo será muito mais bem "lido" por aquelas pessoas que farão análise de nossa passagem pela face da Terra daqui a algum tempo , também, elaborar uma síntese do que é a passagem do homem pelo planeta chamado K-Pax (para nós: Terra).

A importância dos sonhos

É possível destruir o sonho de um ser humano quando ele sonha para si, mas é impossível destruir seu sonho quando ele sonha para os outros, a não ser que lhe tirem a vida.

Augusto Cury

Lembro-me de que, quando eu era criança, meu pai falava sempre que o sonho dele era ver os filhos fazerem faculdade, formarem-se e ter sucesso profissional, sendo acima de tudo ótimos cidadãos.

Passado o tempo, vejo que uma das perguntas mais comuns que os pais fazem aos filhos é: "O que você vai ser quando crescer?".

Vemos os pais repetindo esta pergunta muitas vezes, durante a infância e a adolescência, para estimular o filho a sonhar com o futuro. E sabemos que a visão de futuro será definida a partir de seu sonho, de seu anseio.

À medida que vamos crescendo, relacionamos nossos sonhos com nosso próprio mundo, nosso corpo e nossas idéias. Filtramos os estímulos que recebemos, acreditando numa porção de coisas, de acordo com nossa educação, experiência e reação perante os fatos. Esse conjunto forma nossos valores.

Todas as vezes que ferimos nossos valores, nos sentimos mal, nos afastamos de nossa real felicidade. Em conseqüência, enfrentamos dificuldades, sentimo-nos frustrados e, pior, muitas vezes deixamos de sonhar.

Poderia nesse instante fazer uma pergunta ao leitor: quais são seus maiores sonhos? É uma pergunta que pode nos afligir por não conseguirmos responder rápido. Buscar realizar os sonhos é o que nos permite sobreviver à turbulência do dia-a-dia e nos impulsiona a seguir adiante em nossa jornada. Muitos poderiam ficar sem resposta, outros poderiam simplesmente afirmar que nunca tiveram sonhos.

A vida é ambígua, dá muitas oportunidades para todos, cada um aproveitando-as da melhor maneira que lhe convier, mas tudo o que acaba acontecendo é por uma questão de detalhes, uma sucessão de erros e acertos, dependendo de nossos anseios.

Na realidade, uma das coisas que mais protelamos são nossos sonhos. Muitos fatos acontecem que acabam por desviar nossa atenção deles; mas quando nos esforçamos um pouquinho, já começamos a conquistar pequenos êxitos aqui e ali.

Sentimos orgulho dessas conquistas, as curtimos intensamente. Cada centímetro de terreno avançado é um ponto a mais na batalha contra a falta de objetivos. Também pode ser um período crítico, pois durante este levantamento podemos sentir um vazio ao percebermos que protelamos demais a escolha da direção de nossas vidas, seja por uma dedicação exagerada às nossas obrigações, seja por não ter reservado tempo para o lazer.

E, para evitar estas situações, devemos buscar realizar os sonhos, que nos permitem sobreviver e nos fortalecer.

As pessoas que sonham, ousam e se fazem vencedoras são as que se mantêm íntegras aos seus projetos e idéias durante os imprevistos.

Os sonhos são importantes, cruciais, mas devem ser medidos, quantificados, sob o risco de se esperar ansiosamente por alguma realização e a mesma não acontecer. Já os sonhos reais, do cotidiano, nos estimulam a pesquisar, aprender, estudar, juntar, planejar, estabelecer e literalmente "correr atrás" para vê-los acontecer.

Quando perseguimos nossos sonhos, encontramos uma fonte iluminada de energia e entusiasmo. No fundo, todos nós tivemos e temos sonhos. A vida plena começa no nosso autoconhecimento e este tem seu início na consciência de nossos valores, de nossa auto-estima, das nossas percepções e atitudes, nossos sonhos e desejos e principalmente no nosso potencial pessoal.

Os obstáculos que enfrentamos nos fazem crescer, nos deixando encorajados, conhecendo com isso nossa própria grandeza. Resgatar nossa capacidade de sonhar nos devolve a possibilidade de criar o desejado futuro.

Mas não basta sonhar. É preciso fazer o que é certo. Não é correto agir para atingir nossos sonhos de maneira desleal, prejudicando o próximo. Muitas pessoas projetam sonhos quase que inatingíveis, necessitando para a concretização passar por cima de outras pessoas.

O certo é analisar para fazer aquilo que realmente vai dar certo e não necessite prejudicar ninguém. Às vezes, ao vermos que podemos obter algum tipo de vantagem, optamos por não seguir o caminho considerado o mais correto. Quem abre mão de próprios interesses em prol de um bem maior pode colher bons e melhores frutos logo à frente.

É muito importante, para concretizar nossos sonhos, ter persistência, pois às vezes costumamos desistir de projetos e objetivos quando tudo parece que vai dar errado, mas a obstinação é um sentimento que pode mudar cenários e reverter situações consideradas perdidas.

Um grande desafio é o de que precisamos provar incessantemente para os outros que estamos certos. É uma necessidade de auto-afirmação, manifesto em grande parte das pessoas.

Quando recebemos alguma opinião contrária aos nossos atos, vem a reação. Não aceitamos de imediato. Neste momento, devemos ter perseverança e paciência. Quem não tenta, nunca chega lá. Por isso, é interessante ficar atento para as desistências premeditadas. Será que muitos sonhos e planos estão sendo deixados de lado sem antes terem sido iniciados?

Pois os sonhos são como uma bússola, indicando os caminhos a seguir e as metas que queremos alcançar. São eles que nos impulsionam, nos fortalecem e nos permitem crescer. Se os sonhos são pequenos, nossas possibilidades de sucesso também serão limitadas. Desistir dos sonhos é abrir mão da felicidade, porque quem não persegue seus objetivos está condenado a fracassar cem por cento das vezes.

O homem é capaz de prever o futuro?

As coisas mais belas são as que a loucura inspira e a razão escreve...

André Gide

A ânsia de antever o futuro é uma característica tão forte da espécie humana quanto a de procurar uma lógica, um padrão nos fenômenos naturais e sociais. Essa busca também permitiu que os homens olhassem para as estrelas e enxergassem constelações. Olhando o formato das nuvens, conseguiram imaginar objetos gigantes formados por elas. Mas a arte de prever o futuro fez com que viesse a existir uma nova categoria, os videntes, classe muito consultada em busca de respostas para suas inquietações.

O pessimismo parece ser mais uma marca da humanidade. Em todas as eras as pessoas deram atenção a quem anunciava o fim da comida, da água, do ar – enfim, do mundo.

Teorias como de Thomas Malthus, conhecido economista que na virada do século XVIII previu que milhares de pessoas morreriam de fome como conseqüência do crescimento da população. Com isso, ele ignorou as melhorias agrícolas que fizeram a produção no campo aumentar a uma velocidade maior que o número de habitantes.

A novidade é o fato de as previsões terem aumentado muito seu grau de acerto. As modelagens matemáticas feitas com a ajuda dos computadores são as mais confiáveis janelas para o futuro já colocadas à disposição da humanidade.

A ciência ambiental é das maiores beneficiadas. Para prever os rumos do aquecimento global ou a sobrevida da era do petróleo, robustos computadores processam mais de um trilhão de dados em média, milhares de vezes mais do que há apenas três décadas. A credibilidade aumentou, mas prever o futuro continua sendo uma atividade ingrata, e que até hoje nunca foi conseguida. Têm-se apenas as estimativas.

Um ramo que muito está se aperfeiçoando é a meteorologia, com seus prognósticos chegando quase ao exagero de minutos e horas, diferente do que ocorria tempos atrás. Hoje é possível prever chuvas, instabilidades, furacões, ondas gigantes. Já nos acostumamos a ler nos jornais qual vai ser a temperatura do dia, possibilitando-nos saber que tipo de roupas usar, da opção de trabalhar de carro ou de motocicleta, enfim, ela tem nos auxiliado com informações que passam quase que despercebida já que convivemos com elas.

As ciências físicas e humanas permitem antecipar com alguma segurança as próximas ocorrências de eventos que se desenrolam a partir do presente. Por exemplo, é perfeitamente possível prever em que ponto do espaço sideral uma nave proveniente da Terra encontrará o planeta Marte e a que distância e em quanto tempo. Ou predizer que a população do Brasil poderá chegar aos 200 milhões de habitantes até o ano 2025.

Mas isso não satisfaz a mente humana, que sempre sonhou com emoções mais fortes e vôos mais altos, como prever quais números serão os sorteados na loteria da semana, ou acertar a cotação futura do dólar ou do barril do petróleo; o próximo presidente da República ou coisa do gênero.

A ciência, a lógica e a história estão aí para demonstrar a total impossibilidade de se prever esse tipo de acontecimento, que mais depende do acaso do que da atuação de alguma lei científica conhecida. Ademais, se a precognição fosse possível, todos os adivinhos estariam muito ricos e não lutando por sua sobrevivência diária, atendendo consultas. Nos EUA existem estudos sérios de verificação sistemática das previsões feitas pelos meios de comunicação, que comprovam à exaustão que essas previsões não têm nenhuma margem de acerto acima do mero acaso.

O fato que explica muitas dessas alegadas precognições é a simples coincidência, decorrente do acaso. Em todas as épocas e lugares, a humanidade sempre foi fascinada pela previsão do futuro. Na antiguidade, o oráculo fazia um tipo de adivinhação na qual uma divindade dava, através de um sacerdote, respostas a questões formuladas oralmente. Em Roma, no Egito, na Grécia, os oráculos representaram um papel importante. A tradição judaico-cristã tem na profecia um de seus pilares da fé. O profeta tem como função transmitir ao povo as mensagens divinas. Ele anuncia o futuro e a consciência popular identifica a profecia.

Também nos finais de ano temos acompanhado precognições feitas em canais de televisão e a imprensa sensacionalista não poupa espaço e divulga todas as previsões: de astrólogos, tarólogos, lançadores de búzios e videntes. Uma das mais comentadas previsões foi elaborada por Nostradamus, que previa que no fim do século 20 ocorreria o fim do mundo pela vinda do grande rei dos mongóis, conhecido como rei do terror que encaminharia a consumação da profecia. Mas tudo revelou-se uma farsa, pois que ninguém até hoje foi capaz de fazer previsões acuradas do futuro com base nas profecias de Nostradamus.

Mas o homem não deixa de sonhar em ter a possibilidade de antever algum fato, tecer uma nova profecia, apesar de estar ciente de que, pela insistência em alguma idéia, o tempo transforma o improvável no inevitável.

Todos os ramos têm evoluído, todas as teorias têm sido ou passadas a limpo, ou melhoradas, em prol da melhor convivência dos seres com a natureza. Mas parto de uma racionalidade, de uma realidade que me força a dizer que devemos usar toda a nossa capacidade para a prática do bem e justiça entre os que conosco convivem. Com isso ,podemos prever certamente alguma coisa para o futuro. Se eu plantar amor, vou colher amor; se plantar fraternidade, certamente também que vou ter fraternidade. Assim é a vida, assim pode ser nosso futuro.

Como lidar com o sucesso e o fracasso

Em minha juventude, encontrei-me com Deus no deserto, e Deus revelou-me o segredo do sucesso: para mim, tudo é oportunidade, até mesmo um obstáculo.

Rei Al Saud

A diferença ou o espaço entre o sucesso e o fracasso é muito pequena, quase que imperceptível, mas determinante. A conclusão acima é fruto da leitura de artigo encontrado em jornal, no qual o autor, Saul Brandalise Jr., me levou a refletir, principalmente quanto a uma frase citada por ele, pronunciada por um amigo: "Enquanto uns choram, outros vendem lenços".

É uma colocação muito pertinente, uma frase quase que de efeito, mas que reflete a realidade dos que buscam seus objetivos e dos que esperam e lamentam o tempo perdido. Procuramos sempre nos comparar às pessoas que estão acima de nós, seja na posição social, econômica ou profissional, sem, no entanto, analisar o trajeto que essas pessoas tiveram que tomar.

Para se fazer este balizamento, precisamos revisar a história do comportamento e dos relacionamentos do homem.

O ser humano é um animal social, ou seja, vive em comunidades. Nessas comunidades, o homem escolhe seus grupos. Essa escolha pode ser por proximidade, afinidade, religião, interesse, política, amor, amizade ou qualquer necessidade mútua (Faro, 2006).

Com suas escolhas, o homem vai determinando seu futuro. Se suas amizades forem pessoas violentas, possivelmente você se tornará uma pessoa com ímpeto mais agressivo. Se conviver com pessoas baixo-astral, provavelmente ficará como tal. Se conviver com pessoas vitoriosas, possivelmente será motivado por elas.

Nessa incessante busca, existe o sucesso, mas sorrateiramente também o fracasso, que muitas vezes nos deixa ou nos transforma em seres extremamente defensivos.

A semente morre para que a flor apareça; a crisálida, para que apareça a borboleta... Na verdade, a transformação não é instantânea, nem a transição, um processo agradável e sem sofrimento. A natureza exige esforço e paciência como preço da luta e do desenvolvimento. (Allen, 1997)

Conheço pessoas que passaram boa parte da vida esperando a "situação" mudar, achando que dias melhores viriam, e outras, que ousaram mudar. As que esperaram até hoje reclamam da "sorte" dos que melhoraram seus dias.

São as pessoas passivas, sem iniciativa ou sem uma palavra fundamental nos dias de hoje: atitude. Cada um interage na formação do seu futuro, com ações simples, desde que concretas e com determinação.

Outras preferem o sossego, a tranqüilidade. Mas, normalment,e quando "acordam" deste estado inercial, vêm a se arrepender. Cobramos atitudes de políticos, professores, filhos e outros, mas, quando cabe executar ou tomar certas atitudes, muitas vezes nos acovardamos ou ficamos "em cima do muro".

O que percebo é que a vida é pura motivação. E não existe pessoa mais capaz de nos motivar do que nós mesmos; outras podem até nos sacudir, provocar, mas se nós não incutirmos em nossa consciência a determinação para tal, certamente corremos sério risco de fracasso.

E para que nós consigamos atingir os reais objetivos, precisamos nos desimpregnar das falsas doutrinas, arregaçar as mangas e buscar o espaço reservado a nós. Precisamos, sim, estar sempre motivados.

E essa motivação começa cedo, quando acordamos, quando devemos nos olhar no espelho e conversar com nosso ser, procurando nos direcionar para o lado positivo da vida, nem que tenhamos de superar a síndrome da insegurança, de sair de nossa zona de conforto. Se acordamos reclamando da vida, tudo se torna mais difícil, criando barreiras dentro de nossa consciência, desaprendendo a pensar corretamente e conseqüentemente a agir de forma a não colhermos bons frutos. (Brandalise, 2005).

E são muitos os seres humanos que se entregam à possibilidade de viverem ou dar espaço ao pessimismo. É lamentável, mas acontece em larga escala. É o mesmo que ficar esperando que dias melhores apareçam, sem nada fazer para bloquear o sentido e os resultados obtidos com as coisas que nos incomodam.

Portanto, não tenha medo do fracasso. Não se preocupe com isso. Mude, desafie o novo. Preocupe-se em entender as chances que você perdeu por nem mesmo ter tentado; assim, quem sabe, você verá a supremacia do sucesso sobre o fracasso.

Como melhorar a vida interior

Não há estado de espírito ou paixão que a arte não possa nos proporcionar. Podemos escolher nosso dia e selecionar nossa hora. Podemos dizer a nós mesmos: "Amanhã, ao amanhecer, caminharemos com o imponente Virgílio através do Vale da Morte... Então a aurora nos encontrará na floresta escura...".

Oscar Wilde (*O crítico como artista*)

Ouve-se muito falar de que, nesse mundo conturbado em que vivemos, devemos voltar nossos pensamentos e esforços para a vida interior, procurando com essa busca encontrar solução para nossos problemas externos.

Alguns crêem que a vida interior é pensar muito, investigar os problemas, volver continuamente sobre si. Outros a buscam com um esforço concentrado da vontade na realização de seus propósitos.

É bom pensar e meditar sobre as necessidades da alma, mas isso não é o suficiente para garantir uma vida interior plena. São claramente atos do ser que ajudam, mas não são os únicos balizadores da apregoada vida interior.

Quando, porém, se diz que é necessário voltar à vida interior, temos a impressão de que ela é um bem e de que um dia a perdemos. Não é esse o sentido. É, sim, o reconhecimento de que temos dentro de nós um saber desconhecido, indefinido, que poderá nos proporcionar um bem maior: um redescobrimento de nossa missão e daquilo que gostaríamos de ser.

Para que a harmonia na vida interior seja possível não é suficiente fé na vida espiritual ou a aceitação do pensamento de que os valores humanos são vãos e passageiros. Indubitavelmente, a fé aumenta as possibilidades do homem, mas uma coisa é o pensamento e outra, muito distinta, é ver que os seus pensamentos e idéias sobre a fé não correspondem às suas atitudes. Poderia denominar esse aspecto como a tragédia do homem, pois ele é influenciável, manipulável aos interesses próprios. Vivemos em um universo repleto de oportunidades, onde há espaço para todos, não sendo necessário cobiçar o caminho alheio, nem ao menos competir e arrancar de outros aquilo que não nos pertence. Devemos competir, sim, mas no campo de idéias, que somadas, venham contribuir com o progresso da humanidade, pelo exercício do silêncio, da inteligência, descobrindo o melhor caminho a ser seguido.

Porém, é difícil nesses momentos de convulsão e incertezas manter um equilíbrio interior que permita uma visão clara, equânime e desapaixonada das coisas, dos bens materiais, da vida e de si mesmo e, assim, tomar consciência interior.

Devemos reinterpretar o mundo, nossos valores, ser mais cooperativos, fraternos, amorosos. Vivemos crises constantes de consciência, crises financeiras, de relacionamentos, que são provações que nos fazem crescer. Nossos cérebros já não aceitam algumas teorias ultrapassadas, tentam sempre absorver novos conceitos, teorias mais convincentes, mais abrangentes e que acolham a nova forma de sentir e viver.

E, por todos esses motivos, o homem necessita dialogar consigo mesmo. Desde que o homem cesse de se ocupar exteriormente, de falar com seus semelhantes, desde que se encontre só, mesmo no meio do barulho de uma cidade grande, ele começa a entreter-se consigo mesmo. Se for jovem, pensa freqüentemente no seu futuro; se é velho, pensa no passado e sua experiência feliz ou infeliz da vida.

Se o homem permanece essencialmente egoísta, sua conversa consigo mesmo é inspirada pela sensualidade ou pelo orgulho; ele se entretém com o objeto de sua cupidez, de sua inveja e, como encontra em si mesmo a tristeza, busca fugir de si, exteriorizar-se, divertir-se para esquecer o vazio e o nada de sua vida. Sendo egoísta, seu amor por si o leva a querer fazer-se o centro de tudo, a conduzir a si, as pessoas, as coisas; e como isso nem sempre é possível, ele freqüentemente chega ao desencanto e ao desgosto, torna-se insuportável para ele mesmo e para os outros e acaba por se odiar por ter querido amar-se demasiadamente.

Por isso, a vida interior torna-se cada vez mais necessária para tentar aparar as arestas do homem, possibilitando uma conversa com seu deus, e, pouco a pouco, o homem se desprende do egoísmo, do amor próprio, da sensualidade e do orgulho.

Os seres humanos criam sua própria realidade e interagem no seu futuro, como ímãs, atraindo o que querem, utilizando-se da consciência com vocação e talento, aprendendo a generosidade e resgatando o poder individual. Eles não podem se acomodar com situações que não lhes trazem felicidade, descobrindo o poder que existe dentro de cada um. É importante salientar que se deve eliminar do relacionamento aquelas pessoas que não trazem alegria, dando preferência aos que trazem sorriso nos rostos.

Se sua vida interior não está adequada, volte a acreditar em seus sonhos e lute por eles. Comece já uma nova vida, mais dinâmica, mais feliz. Resgate sua potência, seja o criador de seu próprio caminho. Você pode!

Os especialistas apontam alguns recursos como básicos para quem deseja construir uma sólida estrutura mental e emocional. Cabe a cada um selecionar os itens que considera mais adequado à sua personalidade.

Vida familiar

Manter uma convivência saudável com o cônjuge e os filhos, os pais e os irmãos é o caminho mais seguro para ficar em paz consigo mesmo.

Meditação

Médicos têm receitado a meditação regular para se obter domínio sobre as emoções, manter-se equilibrado e menos sensível às tensões do dia-a-dia.

Boas causas

Adotar uma causa ou engajar-se como voluntário em alguma ação social ou mesmo praticar boas ações cria uma sensação de paz interior.

Espiritualidade

Para muitos, cultivá-la significa encontrar o sentido da vida, o senso ético e os valores e crenças pessoais que norteiam nossa razão e nossas emoções.

Leia por prazer

Ler proporciona o crescimento pessoal, estimula o raciocínio e contribui para a longevidade. Quem lê, costuma ser mais ativo e desenvolve idéias próprias.

Passatempos

Praticar algum *hobby*, viajar para lugares diferentes e fazer atividades que proporcionem prazer servem como blindagem para o estresse da vida moderna.

Senso estético

Cultivar o intelecto, a criatividade e o senso estético é um recurso clássico para enxergar melhor o mundo e a si próprio.

O peso das palavras e a influência na comunicação

Há momentos na vida em que deveria se calar e deixar que o silêncio falasse ao coração, pois há sentimentos que a linguagem não expressa e há emoções que as palavras não sabem traduzir.

Cecília Meireles

Desde os tempos da Idade da Pedra o homem sente necessidade de comunicar-se, seja por sinais, por expressões faciais, palavras ou pequenos grunhidos. Na verdade, a palavra é o meio de comunicação mais eficiente e mais abrangente já posto em prática, quer seja ela falada ou escrita. É possível por meio dela se comunicar na completa escuridão, permitindo aos cegos interação e aos surdos, comunicação, por intermédio da impressão em alto relevo ou escrita.

O ser humano sente necessidade de falar, de escrever, pois sem comunicação tudo fica mais complicado. Ele acaba registrando de uma forma ou de outra seu aprendizado.

"Há milhares de anos existe o entendimento de que a leitura desses dados registrados representa, em sua essência, a absorção do conhecimento entre os semelhantes, especialmente dos sábios." (Costa, 2003).

Trata-se da possibilidade real de vivência e assimilação de experiências valiosas e interessantes, num rápido e cômodo aprendizado.

Quem tem sensibilidade e inteligência suficientes, ao praticar a leitura, logo percebe no relato de experiências pessoais as razões e conseqüências de sua mensagem, aonde cada um quer chegar.

Com isso, nós, racionais, estamos sempre atentos à evolução do mundo, nos mantendo informados sobre os acontecimentos, vendo os acertos e os erros dos outros. Com essa condição, nos mantemos abertos às transformações e as novidades, crescendo como profissionais e cidadãos, podendo evoluir, nos tornando seres melhores a cada dia.

Que seria de nós se um médico não repassasse conhecimentos aos mais novos sobre os segredos da medicina? Todo aquele conhecimento adquirido iria se perder e não teríamos quem nos curasse, se ficássemos doentes.

Em todas as profissões, os profissionais precisam se atualizar permanentemente e, em todas as formas que se possa imaginar de como repassar conhecimento, entra a linguagem, ou seja, a palavra. As metas de crescimento pessoal e profissional são mais facilmente cumpridas quando escritas, pois, estando no papel, não podem ser ignoradas impunemente. Os olhos se somam à consciência e à memória na tarefa de lembrar os preceitos e, para isso, o jeito é escrever e ler o que os outros escrevem.

Se não fosse a palavra, não haveria como preservar, estudar, entender, valorizar e multiplicar o conhecimento reunido ao longo de milênios, de fundamental importância às novas gerações. Sem ela não haveria História, Ciência, pesquisa, cultura e tecnologia. A força da palavra escrita e preservada é insubstituível nas relações humanas.

Mas existe nas palavras a interação do homem e, quando ele as utiliza de forma espontânea e indevida, estas causam grandes estragos, males, pois podemos matar, ferir e desestimular o semelhante apenas dizendo palavras sem pensar. Criam-se desentendimentos, inimizades, mal-estar e muitos outros sentimentos e reações. Faz-se necessário então primeiro pensar um pouco antes de colocar as palavras em uso. Com a agitação do dia-a-dia, porém, não paramos para tal, e assim os relacionamentos vão se tornando menos ternos e mais difíceis.

Falar palavras certas durante uma conversa é algo que nem todas as pessoas fazem. As palavras precisam, antes de sair de nossas bocas, passar por um filtro natural, nosso coração, onde são aparadas as arestas. Com a busca do discernimento, observar se realmente é necessário falar certas palavras, ou fazer determinadas brincadeiras ou comentários que, por alguma razão, podem ofender, ferir ou magoar. Pois é com inteligência e paciência que muitos relacionamentos são mantidos, apesar das diferenças e dificuldades: com palavras ditas com sabedoria e cuidado.

Dizer a palavra certa faz da pessoa que a pronunciou ou escreveu um sinal vivo e presente para quem a escutou, e isso constituirá uma grande ajuda para se continuar aprendendo e ensinando na fascinante escola da vida.

É salutar saber ouvir o que as outras pessoas têm para nos falar.

A liberdade

Os homens consideram-se livres porque têm consciência de seus desejos, mas ignoram as causas pelas quais são levados a desejar.

Spinoza

Temos motivos de sobra para ficarmos contentes e orgulhosos, pois somos uma obra-prima de Deus.

Você já viu um pintor ou um escultor trabalhando? É lindo de se ver. Ele pensa, escolhe as tintas, escolhe o formão, dá uma pincelada, dá uma martelada, olha o quadro da direita para a esquerda, da esquerda para a direita, acaricia a escultura buscando ranhuras para serem aparadas, estica o pescoço para ver mais de perto; retoca aqui, retoca ali... São mesmo trabalhos de mestre.

Deus também fez assim. Para nos criar, dar nossas formas atuais, usou de todo carinho e arte. Além disso, nos deu a vida, que nos possibilita enxergar, pensar, correr, andar, sorrir, interagir com outras pessoas e a natureza com suas propriedades que nos cercam; mas, sobretudo, nos deu um dom maior, sublime: a liberdade.

A capacidade de raciocinar e de valorizar de forma inteligente o mundo que o rodeia é o que confere ao homem o sentido da liberdade, entendida como expressão da vontade humana. Essa liberdade, de uma forma geral, significa a condição do indivíduo de não ser submetido ao domínio de outro e, por isso mesmo, de ter poder sobre si mesmo e sobre seus atos.

A liberdade resulta de um projeto de ação. É uma árdua tarefa cujos desafios nem sempre são suportados, daí resultando riscos de perda de liberdade pelo homem que se acomoda e não luta para obtê-la.

Do ponto de vista legal, o indivíduo é livre quando a sociedade não lhe impõe nenhum limite injusto, desnecessário ou absurdo, mas a sociedade também quer proteger seus direitos, isto é, suas liberdades, poderes e privilégios básicos. Uma sociedade livre dá condições para que seus membros desfrutem igualmente da mesma liberdade. Em 1948, a Assembléia Geral das Nações Unidas adotou a Declaração Universal de Direitos Humanos, que engloba os direitos de liberdade que a Organização das Nações Unidas (ONU) considera ser os objetivos de todas as nações.

A liberdade e o seu desejo é um sentimento arraigado no ser humano. Situações como escolha de profissão, casamento e compromisso político fazem o homem enfrentar a si mesmo, testando sua coragem, sua vontade, sua perspicácia, exigindo dele uma decisão responsável em relação a seu próprio futuro.

E não é isso que você mais procura em sua vida? Liberdade? Pois é, todo ser humano quer ser livre, poder viver sem culpa, sem castigo perante o seu deus, com o direito de tomar suas próprias decisões. Muitos caminhos são trilhados para que essa liberdade aconteça, muitas vezes por direções não muito corretas. Você já se imaginou preso em uma cela por toda sua vida, sem jamais poder sentir a sensação de ser livre? Com certeza não acharia motivos para sorrir. E, na pior das hipóteses, se você fosse condenado à prisão sem, no entanto ter cometido crime algum, qual seria sua reação?

Podemos ser julgados pela sociedade por nossos atos e ela é quem vai discernir e tentar coibir injustiças e agressões. Ela se manifesta à consciência como uma certeza primária que perpassa toda a existência, especialmente nos momentos em que se devem tomar decisões importantes e nos quais o indivíduo sente que pode comprometer sua vida. O consenso universal reconhece a responsabilidade do indivíduo sobre suas ações em circunstâncias normais, e em razão disso o premiar seus atos implica diminuí-lo em suas faculdades humanas, uma vez que só aquele que desfruta plenamente de sua liberdade tem reconhecida sua dignidade.

O homem tende a exercer a liberdade em todas as ações externas e, quando elas são cerceadas, o crescimento, o desenvolvimento do indivíduo e seus direitos são frustrados e sua dignidade é desprezada. Entretanto, apesar de toda a violência externa (e em certo grau também as pressões internas), as pessoas são capazes de manter a liberdade de arbítrio sobre seus pensamentos, desejos, amor, ódio, consentimento moral ou recusa, preservando assim sua integridade e dignidade, como acontece com algumas pessoas submetidas à situações extremas de privação de liberdades.

Foram as dificuldades inerentes ao conceito da liberdade que levaram as ciências humanas e sociais a preferirem o termo plural e concreto liberdades ao ideal absoluto de "liberdade". Assim, deixando de lado a conceituação filosófica e psicológica, considera-se, cada vez mais, a liberdade como a soma das diversas liberdades específicas. Fala-se corretamente em diversas liberdades, sejam públicas, políticas, sindicais, econômicas, de opinião, de pensamento, de religião... Embora tal procedimento não resolva a questão da natureza da liberdade, pelo menos possibilita avançar na reflexão e nos esforços para ampliar, cada vez mais, o exercício de uma faculdade de importância primordial na vida dos homens e das sociedades.

Como escreve Cecília Meireles, "liberdade, essa palavra que o sonho humano alimenta, que não há ninguém que explique e ninguém que entenda". Já para Sartre, "o homem é a sua liberdade e está condenado a ser livre. Condenado porque não se criou a si mesmo, e como, no entanto é livre, uma vez que foi lançado no mundo, é responsável por tudo que faz". Ainda sobre Sartre, o homem não pode ora ser livre, ora escravo. Ele é totalmente e sempre livre, ou não o é.

Nossa essência – pássaros audazes

Todos esses pássaros audazes, que voam ao longe, ao mais longínquo – certamente! Em algum lugar não poderão ir mais longe e pousarão sobre um mastro ou um mísero recife –, e, além do mais, tão gratos por esse deplorável pouso.

Nietzsche

Essas belas palavras do pensador Nietzsche podem servir de exemplo para uma análise ou comparação do homem com os pássaros, buscando delinear o destino de cada espécie com o pressuposto de que cada um alça o vôo ou, no caso do homem, a caminhada, uns mais perto, outros mais longe, dependendo de seus objetivos.

Os pássaros migram de lugares a lugares em busca de alimento, água, sobrevivência, movidos pelas mudanças climáticas. Eles também sofrem os efeitos atmosféricos e a intervenção do homem, e reagem voando para outros ambientes, atravessando, por vezes, oceanos. As pessoas passam muitas vezes a vida inteira em busca de seus destinos, mudando de cidade, algumas vezes de país, com tropeços, conquistas, ilusões, desilusões e, num determinado momento, cansadas, num esforço descomunal despendido sem êxito, acabam também tendo a necessidade de parar e repensar aquilo que até então as agruras da vida lhe impuseram, pousando num mísero "recife".

A águia, quando envelhece, faz uma retirada estratégica para um morro em que passa por uma metamorfose para viver mais o dobro da vida de até então. Arranca o bico, penas e garras, num esforço descomunal, conseguindo com isso uma nova sobrevida. O homem recorre a psicólogos, terapeutas, psiquiatras, quando sente a necessidade de ajuda para tirar de dentro de si uma angústia, alguma frustração que o incomoda. E quando toda a parte médica já não lhe é útil, promove também retiradas estratégicas, indo em busca de religiosos, em mosteiros, como exemplifica o livro *O monge e o executivo*, em que o personagem principal acabou reformulando seus conceitos de vida.

Somos muito semelhantes aos pássaros, que possuem quase as mesmas necessidades: fome, sede, sobrevivência, calor. Uma coisa é intrínseca aos dois: a liberdade. Somos livres, e nós, como não temos asas, criamos os aviões, ou numa abordagem mais profunda, "voamos" também, por meio da imaginação.

Os pássaros não se sabe se são dotados de imaginação, mas são capazes de pôr suas vidas em jogo para proteger seus ninhos, estabelecer vôos intercontinentais com mudanças de timoneiro, formando uma interessante coreografia aérea, sempre com algum integrante indo à frente. Já o homem escolhe seus governantes, prefeitos, governadores, presidentes para que façam também a função de timoneiro em suas vidas. Somos movidos pela motivação, esmorecemos às vezes mas, como os pássaros, precisamos sobreviver e buscamos novos cantos, onde poderemos, com certeza, proporcionar-nos melhores condições de vida.

Plagiando Nietzsche, podemos esmorecer em nossa caminhada, buscando um mastro para pousar, mas com certeza, também nós, seres humanos, somos pássaros audazes...

Moral e ética

Basta um instante para fazer um herói, mas precisa-se de uma vida inteira para fazer um homem de bem.

Paul Brulat

Quem acompanha periodicamente os noticiários, depara-se com um aspecto contundente nos dias de hoje. Diariamente vemos notícias de roubos, escândalos financeiros, desvios de verbas públicas, descasos, mandos, desmandos e má conduta de muitos políticos e dirigentes em todas as esferas. Isso tem acontecido com relativa freqüência em vários lugares, inclusive nos países chamados de Primeiro Mundo, como Estados Unidos e Inglaterra.

A impressão que se tem é a de que uma elevada parcela dos homens perdeu sua dignidade, caráter e moral. Está faltando neles um aspecto fundamental da conduta: a ética. Para falar da ética, pesquisei livros e apontamentos sobre seu real sentido: a palavra vem do grego *ethos* que significa o modo de ser, o caráter. Os romanos traduziram o *ethos* grego para o latim *mos* (ou no plural, *mores*) que quer dizer costume, de onde vem a palavra moral.

Portanto, ética e moral, pela própria etimologia, dizem respeito a uma realidade humana que é construída histórica e socialmente a partir das relações coletivas dos seres humanos nas sociedades onde nascem e vivem.

Em nosso dia-a-dia, não fazemos distinção entre ética e moral, usamos as duas palavras como sinônimos. Mas os estudiosos fazem uma distinção entre as duas palavras. Assim, a moral é definida como o conjunto de normas, princípio, preceitos, costumes, valores que norteiam o comportamento do indivíduo no seu grupo social. A moral é normativa. A ética é definida como a teoria, o conhecimento ou a ciência do comportamento moral, que busca explicar, compreender, justificar e criticar a moral ou as morais de uma sociedade. Ela é filosófica e científica. E como o homem aplica todos estes conceitos?

"Temos ciência de que nenhum homem consegue viver sozinho, ser uma ilha". Esta frase famosa de Thomas Morus busca justamente nos ajudar a compreender que a vida humana é convívio. Para o ser humano, viver é conviver, e é justamente na convivência, na vida social e comunitária, que o ser humano se descobre e se realiza como um ser moral e ético, cabendo a ele pôr em uso tais conceitos de vida.

É na relação com os outros que surgem também os problemas e as indagações morais: O que devo fazer? Como agir em determinada situação? Como me comportar perante o outro? Diante da corrupção e das injustiças, o que fazer?

Portanto, em nosso cotidiano encontramos situações em que nos são colocados problemas morais, e devemos administrá-los da melhor maneira. São problemas que dizem respeito às nossas decisões, escolhas, ações e comportamentos, que exigem de nós uma avaliação, um julgamento, uma comparação entre o que é considerado socialmente bom ou mau, justo ou injusto, certo ou errado.

A questão é que certas vezes não refletimos o suficiente antes de tomar uma decisão. Agimos por força do hábito, dos costumes e da tradição, entendendo como natural a realidade social, política, econômica e cultural. Com isso, podemos perder nosso senso crítico perante a realidade. Em outras palavras, não costumamos muitas vezes fazer ética, pois não fomos capazes de fazer a crítica, nem buscamos compreender e explicitar nossa realidade moral.

No começo do século passado, o alemão Max Weber já havia constatado que até a religião influencia diretamente a percepção da ambição, sobretudo quando diz respeito a ganhar dinheiro. Em seu trabalho *A ética protestante e o espírito do capitalismo* (Martin Claret, 2001), Weber mostra como os princípios do capitalismo em sua vertente protestante nortearam a construção da potência hegemônica do mundo atual, os Estados Unidos. Segundo ele, nos países de religião protestante, onde há uma ética que valoriza o trabalho duro e legitima suas recompensas materiais, quem enriquece está prestando um serviço à sociedade e mostrando seu valor a Deus.

Nos países católicos, ao contrário, a ambição chega a ser considerada um pecado, já que pressupõe a busca por uma vantagem pessoal e não divina.

Como citei no início do texto, fala-se muito nos dias de hoje sobre a ética global, já que tal realidade não pode ser reduzida tão somente ao campo político-econômico. Temos problemas na área do preconceito racial e sexual, exploração de mão-de-obra infantil, de injustiças sociais e muitos outros aspectos importantes da nossa realidade, só para citar.

Acostumamos-nos facilmente com os problemas e os aceitamos como normais e naturais. Achamos natural a injustiça e consideramos normal conviver com mansões de um lado e favelas do outro. Chegamos a achar inteligente levar vantagem em tudo, indo a ponto de considerar otário quem procura ser honesto. Quem nunca foi parado por um guarda de trânsito? E quantas dessas pessoas não tentam burlar a lei, tentar bancar o espertinho? Quem nunca jogou um papel para fora do carro, não criticou um amigo ou alguém sem ter necessariamente conhecimento de causa? São pequenos detalhes, mas nos menores vidros é que se guardam os melhores venenos. A vida tem nos mostrado isso. Assim são nossas atitudes. Embora pequenas, mas com conteúdo, com correção.

Devemos, sim, ter sempre costumes reservados, pensados, para que não acabemos por prejudicar a coletividade ao visar o benefício próprio. Atitudes discretas, com reserva, que nos levarão aos melhores resultados. Necessitamos agir sempre com urbanidade, pois o que ficará são nossos relacionamentos, amigos, obras, conquistas e de que maneira tratamos essas pessoas.

Sêneca afirmava que não nascemos para este mundo, e, sim, para a eternidade. E o único ser que tem consciência disto é o próprio homem. Por isso, pratiquemos todos os dias, se é que muitos já não o fazem, a humildade, carreguemos nossos atos e posições de doses excessivas de correção, respeito ao próximo e dignidade. Quem sabe, então, possamos passar nosso ciclo espalhando moral e ética para o mundo em que vivemos.

O amor em nossas vidas

As cores murcham, os palácios caem, os impérios desintegram-se.
Só as belas palavras ditas pelo coração permanecem.

Demóstenes

Paixões alucinadas, desejos ardentes, tudo começa na nossa adolescência, quando nossos corpos começam a ter, com as mudanças biológicas, variação das sensações que tínhamos quando crianças. Lentamente vamos mudando nossos desejos e atitudes, estabelecendo novos valores e nos aproximando daquelas pessoas que chamam nossa atenção, pela beleza física e pela beleza espiritual. Em seguida, surge uma vibração mais forte, tempestiva, a que se denominou amor. As quatro letras que compõem essa bela palavra já foram cantadas em prosa e verso, belas poesias, lindos textos, ótimos livros, com cada autor tentando dar sua definição do que seja esse sentimento tão grandioso.

Confesso que busquei em vários livros o real significado do amor. René Descartes, fundador da filosofia moderna, em seu livro *As paixões da alma* (Martins Fontes, 1998), define o amor como uma emoção da alma, causada pela movimentação dos espíritos que a incitam a unir-se voluntariamente aos objetos que lhe parecem convenientes.

David Hume, em seu livro *Investigação sobre o entendimento humano*, conclui que tudo que nossa mente contém são percepções e o grau de intensidade com que elas se manifestam estabelecem uma distinção entre a impressão e a idéia. Segundo ele, as impressões são percepções básicas captadas imediatamente sob forma de sentimentos. Sendo o homem um ser racional, ele busca continuamente a felicidade, que espera conseguir agindo, estipulando algum objetivo em mente, embora às vezes os meios que escolhe para alcançar sua finalidade sejam impróprios para conquistar a mulher que escolheu para amar. As paixões são cópias ou representações das emoções armazenadas na mente sobre alguma pessoa, em algum lugar, fato que provoca uma alteração momentânea, mas que logo é identificada e analisada pelo cérebro e transformada em estímulo.

Tudo na vida é feito por amor, seja amor ao poder, ao dinheiro, à natureza, ao próximo, ao sexo; o certo é que tudo que fazemos tem por base o amor, ele é a mola mestra que impulsiona tudo.

Para sermos felizes, precisamos saber viver e amar, principalmente a pessoa que normalmente é a mais difícil de ser amada, justamente aquela que encontramos sempre que nos olhamos no espelho. Para podermos saber como amar outras pessoas, temos de aprender a nos amar, e isso não é coisa muito fácil, pois a tendência de nossa natureza é amar essencialmente a beleza, a perfeição, é olharmos para fora, e não para dentro de nós mesmos.

Para você gostar de si é preciso estabelecer uma relação íntima consigo próprio, estar verdadeiramente "em casa", pois muitas vezes você está em muitas partes e não está em lugar nenhum, queixando-se do sentimento de solidão e isolamento, mas não está em si. Não se permite nenhuma aproximação, contudo anseia pela proximidade das pessoas. Quando, porém, alguém se aproxima, não consegue suportar esse encontro. Como nossa autocrítica é muito apurada, deixamos de nos amar por causa de nossos defeitos, dessas imperfeições que encontramos em nós. A partir do momento em que passamos a aceitar esses defeitos, poderemos começar a entender que o verdadeiro sentido do amor é aquele que existe, apesar das imperfeições, e que se pode estender este amor para os outros, aprendendo a ver perfeitamente uma pessoa imperfeita.

Para aprendermos a amar, temos de desenvolver nosso sentido interior, saber analisar a verdadeira beleza, que não é aquela que nossos olhos captam, e, sim, uma beleza interior, saber "enxergar" a alma, o interior, para poder sentir os reais sentimentos.

Muitas vezes, uma bela aparência exterior esconde um feio interior. Precisamos aprender a olhar os demais "com os olhos da alma", pois é nossa alma que consegue detectar outras almas. Os olhos apenas vêem, mas a alma sente, e é nesse "sentir" que podemos saber quem merece receber nosso amor.

Amar não é apenas fazer carinho, beijar, elogiar; é compartilhar os bons e os maus momentos. Dar a oportunidade ao outro de se redimir, se porventura tenha cometido um erro, também é uma boa forma de demonstrar amor.

Para se ter uma vida tranqüila, em que se ama e se é amado, nada melhor do que procurar sempre manifestar ternura, cuidado e atenção a quem o cerca, e também ao ambiente em que vive. Procure sempre prestar atenção em todas as coisas e a cada instante de sua vida. Ter uma grande consideração pela brisa, pelo orvalho, pelo sol, pela chuva, pela roupa que usa, os móveis que utiliza. Venere cada passo que dá, pois todos os passos o conduzem à vida.

Você, sendo feliz, certamente estará amando e sendo amado, quer seja pelo c ompanheiro, filhos ou amigos. A ternura consigo próprio e com os outros é fruto do esforço constante, repetitivo, pois, quem é incapaz de se relacionar com outra pessoa, não vê o mistério que há nela, não atentando para as moções da sua alma.

Ame seu próximo como ama a si mesmo.

A ambição de cada ser

Aquele que nada possui é menos pobre do que aquele que muito deseja.

Sêneca

"A grande ambição, na verdade, é saber brilhar dentro de todas as limitações, inclusive das próprias, com ética e integridade. Isto, hoje, por incrível que pareça, é o mais difícil". Esta frase de Robert More, ilustra um sentimento humano, limitado em algumas pessoas, e em outras, exagerado.

Da ambição se pode dizer que é uma força que, ao contrário da liberdade, não termina quando começa a do outro. A pessoa ambiciosa não enxerga o cume nem quando o atinge. O céu para ela não é o limite. Não é por outra razão que os maiores desastres humanos foram provocados pela ambição sem limites. Em contrapartida, os mais espetaculares saltos intelectuais, inclusive científicos e políticos, trazem a assinatura de homens e mulheres com extrema ambição.

A ambição pode ser entendida, analisada e dominada, pois ela se tornou uma característica desejável, tanto na vida profissional quanto na pessoal. Pode-se atribuir a ela a determinação, a garra e a ousadia daquelas pessoas efusivas, invejáveis, naqueles que venceram na vida.

Mas ela é muito mais do que isso. É mais do que ter energia e disposição inabalável para superar obstáculos e conseguir se concentrar em um objetivo. É mais do que ter clareza das coisas e como devem ser feitas. É um misto de saber avaliar com precisão a própria força e a dos potenciais adversários ou concorrentes.

É algo que, como uma força moral poderosa, norteia as ações das pessoas e a cada momento de sua vida, dos mais simples aos mais complexos, do café da manhã até o anoitecer, do dormir ao acordar, interagindo de forma eficaz. Ela é a energia humana que as move, que as faz avançar e direciona seus esforços para realizar alguma coisa grande, seja por amor, dinheiro, sabedoria, poder, glória ou fama. É o impulso humano de desejar o melhor, se destacar em uma área, ser reconhecido no que faz no cotidiano, alcançar um padrão de vida melhor graças aos próprios esforços.

Na realidade, todos têm ambições. Uns, com maior intensidade, outros, com menor. A diferença, na avaliação dos especialistas, é que quem tem sucesso parece saber o que fazer com elas, planeja para atingir os objetivos e acerta na hora de colocá-los em prática. Outros fracassam na primeira tentativa e esmorecem, desistem. São sonhadores, ambiciosos, mas sem persistência.

O ambicioso costuma ter aquela certeza inquestionável de quem sabe o que quer e como o deseja. Possui aquela firmeza na voz que só os muito autoconfiantes conseguem sustentar. Aquela postura inabalável dos que se sentem predestinados e que parecem ter absoluto controle sobre seu destino.

E é por serem assim que costumam provocar, com igual intensidade, admiração e desprezo. É a fronteira entre ser ambicioso e não se deixar levar pela arrogância ou pela vaidade desmedida.

Sucumbir à ganância, à megalomania e ao autoritarismo representa o lado mais obscuro da ambição. Com esses predicativos, os ambiciosos ignoram conselhos, desprezam sugestões, preferem mandar a ouvir. Sabe-se que a energia para vencer está dentro de cada um, é incrente ao ser humano, o que pode mudar é a sua meta, a sua condução.

A experiência mostra que, quando a ambição é dissociada da busca apenas por dinheiro, as possibilidades de sucesso aumentam. Cito como exemplo, Napoleão Bonaparte (1769-1821), imperador da França, cuja ambição era dominar a Europa Continental e "civilizar" o resto do mundo. Acabou dominando quase toda a Europa. As bases napoleônicas do direito, da administração, das finanças públicas e da condução das guerras são influentes até hoje. (*Napoleão na arte da guerra*). Ele não projetou simplesmente dominar a Europa por razões monetárias. Ele tinha sede de poder, de conquistas.

Assim somos nós. Quando botamos algum objetivo em nossa mente e nos esforçamos para realizá-lo, normalmente o alcançamos. É muito difícil fazer bem algo de que não se gosta, apesar de aparentarmos ser livres, estamos "amarrados" aos determinismos interiores das paixões e do instinto.

Ao homem é dada a oportunidade para realizar seu projeto existencial, buscar suas conquistas, superar seus reveses, dependendo de suas ambições. É ele que traça seu perfil, de personalidade e de ética. É quem decide o que vai ser. Tudo vai depender das opções assumidas pelo seu livre-arbítrio, somado a seus desejos: sociais, econômicos ou de poder.

Fé e ciência

Quando tiveres desvendado todos os mistérios da vida, ansiarás pela morte, pois ela não é senão outro mistério da vida.

Gibran Khalil Gibran

Todos querem saber: é possível conciliar fé e ciência? Em quem confiar mais: em Deus ou na Medicina? Quem tem maior autoridade sobre a vida? O leitor que espera respostas incisivas e irrefutáveis talvez fique desapontado.

Meu objetivo é expor as razões desse antigo conflito, para demonstrar que fé e ciência podem, sim, coexistir. E vou além: os avanços científicos podem mesmo testificar a existência de Deus.

Nos tempos remotos, ciência e religião andavam juntas. Não raro, a mesma pessoa acumulava as funções de sacerdote e de médico. Isso porque, na época, a Medicina era baseada em recursos místico-espirituais. Mas, a partir do Renascimento, surgem as primeiras desavenças. Alguns cientistas decidem recusar tudo aquilo que não pode ser visto, ouvido ou sentido. A Igreja passa a condená-los à Inquisição, pois obviamente não admite tais questionamentos. Dali em diante, mesmo sob perseguição religiosa, a pesquisa científica toma campo. Surgem notáveis progressos nas mais diversas áreas. Além do conhecimento, a ciência acaba difundindo uma ideologia implícita: suas descobertas superestimam a sabedoria humana em detrimento de Deus.

Infelizmente, hoje, a Igreja ainda é vista como uma instituição retrógrada cheirando a mofo, bárbara, inimiga da nova era. Na sua função de coibir os abusos da humanidade, opõe-se a modismos e tendências que, a seu ver, são contrários à moral cristã. Foi assim com o homossexualismo, o sexo recreativo, o aborto e o divórcio. Mais recentemente, a ciência tem sido atacada, sobretudo, por três temas tão promissores quanto polêmicos: os produtos transgênicos, a clonagem e as células-tronco.

Não cabe aqui detalhá-los; além disso, o leitor já deve ter ouvido falar neles alguma vez. São frutos da engenharia genética, que promete, respectivamente, produzir alimentos de alta qualidade, criar bebês fisicamente perfeitos e extinguir doenças incuráveis. Enfim, objetivos humanitários. A fome poderia ser varrida do mundo, aumentando-se quantitativa e qualitativamente a produtividade agrícola. Sérias doenças congênitas deixariam de existir e terminaria o pesadelo da fila de transplantes, já que agora se pode fabricar órgãos em laboratório.

Só quem passou a angústia de passar fome é que pode dizer o quanto isso é horrível. Não menos aterrorizante é conceber um filho com graves malformações ou perdê-lo em decorrência de uma rara doença da infância. E o que dizer dos tetraplégicos, que tanto gostariam de voltar a poder controlar seu próprio corpo? Por que não ajudar essas pessoas?

Primeiro, é preciso distinguir entre verdade e ilusão. Grande parte das descobertas científicas revolucionárias anunciadas pela mídia ainda não passam de teoria, no máximo experimentadas em animais de laboratório. Alguns veículos de comunicação vêm, irresponsavelmente, divulgando notícias distorcidas, com sensacionalismo descabido, visando unicamente conquistar audiência. Isso só vem a piorar o estado dos enfermos, que passam a depositar todas as esperanças numa expectativa utópica. É necessário sempre verificar a idoneidade da fonte da notícia.

Em segundo lugar, objetivos aparentemente nobres podem esconder armadilhas:

- Interesses monetários e ideológicos subjacentes;
- Racismo, no sentido de selecionar somente as melhores linhagens genéticas;

- Redução do ser humano à mera entidade biológica.

Deus já alertava para uma das principais tentações que viriam acometer o homem: a de querer também ser deus, controlar a vida e a morte. Até que ponto estamos autorizados a interferir nos processos de concepção e manutenção da vida? Os avanços tecnológicos devem ser recebidos com alegria, pois contribuem para exaltar a sabedoria do Criador, Deus, que, ao criar o mundo encarregou o homem de zelar pelo Jardim do Éden, e tudo que contribuir para o nosso bem e para a honra e glória de Deus, será bem-vindo, conforme atestam várias passagens bíblicas.

A ciência não precisa ser um inimigo declarado da Igreja, e vice-versa. Quanto mais estuda o ser humano, maior é a perplexidade da ciência diante dessa obra singular que mostra a insondável sabedoria de nosso Pai. Nem os mais céticos pesquisadores conseguem manter as teorias evolucionistas, que reduzem o homem a um mero produto do acaso.

Adão e Eva, ao serem concebidos, eram praticamente imortais. Pelo pecado, o homem passou a conhecer a morte. Miséria, doenças, violência, perversão e morte são frutos do egoísmo, do descaso com a saúde e com o meio ambiente, da falta de amor e da fé fraca. De que adianta criar seres perfeitos para viver em um mundo imperfeito? Que dizer então daqueles que todos os dias já nascem perfeitos, mas acabam levando uma vida vegetativa, submetidos ao jugo da miséria e incompreensão? Combater todos esses males seria uma alternativa mais cristã para os problemas do mundo...

A vida depois de um trauma

Superar um trauma é difícil e vários fatores entram em jogo. Os familiares e amigos devem estar presentes, oferecendo apoio incondicional.

Mensageiro Luterano

O trauma é uma experiência que pode aparecer a qualquer momento e ter diferentes causas. Quando acontece, a vida vira um caos. Todos nós, em maior ou menor grau, já passamos por experiências traumatizantes ao longo da vida. Aprenda como ajudar a si próprio e aos outros a encarar a dura realidade dessas horas.

No momento em que escrevo este artigo, o assunto em pauta é o maremoto que destroçou o litoral asiático. Diariamente a televisão nos choca com cenas de horror. Cenários outrora paradisíacos reduzidos a um monte de entulhos, o número de vítimas sempre crescendo, famílias inteiras destruídas durante o clima festivo da virada de ano. Aos sobreviventes, seqüelas emocionais difíceis de superar.

Todos nós, em maior ou menor grau, já tivemos de passar por experiências traumatizantes ao longo da vida. A morte trágica de um ente querido, doenças graves, violência urbana e doméstica, acidentes, desastres, guerras, atentados e por aí vai. Essas coisas sempre nos pegam de surpresa, por isso muitas vezes custa acreditar no que aconteceu.

Experiências traumáticas são inevitavelmente angustiantes. A maneira de lidar com elas é que varia de uma pessoa para outra.

Depende da vivência prévia de cada um, de suas crenças, da capacidade de suportar a dor, entre outros fatores. Acontece que a maioria das pessoas não está preparada para situações de grande tensão, por isso tem dificuldade de entender o que sente. O relato abaixo ilustra esta situação.

> Estava trabalhando quando o noticiário anunciou que um avião havia caído perto de Fortaleza. Fiquei angustiado, pois naquele instante minha família tinha embarcado num vôo. Comecei a telefonar para as rádios, para o aeroporto, desesperada por informações. Meia hora depois, um funcionário da empresa ligou comunicando-me o acidente. Perdi o marido e dois filhos. Minha vida perdeu o sentido. Três anos se passaram e ainda me considero uma morta-viva. Não saio mais de casa, pois temo que um avião de repente caia sobre mim. Vendi o restaurante e vim para Curitiba morar com minha irmã, a única companhia. Perdi todas as amigas, elas acham que eu fiquei louca. Quando menos espero, vem na minha cabeça aquela voz do funcionário dando-me a notícia horrorosa, aí eu só choro e choro. Todos os meses peço ao doutor para me internar na enfermaria, só para não dormir sozinha. Tenho medo do escuro. Entro em pânico e aí me aplicam o tranqüilizante. De repente, tudo parece normal outra vez. Estou em casa preparando pipoca para as crianças, meu marido sentado na rede. Quero abraçá-lo, quando então acordo encharcada de suor, vejo que estive sonhando com eles outra vez. A realidade é o meu maior pesadelo.

Da mesma forma que o coração se adapta ao exercício aumentando os batimentos, a mente humana é capaz de suportar tensões até certos limites. Quando a capacidade de absorver a tensão é insuficiente (como no caso das crianças) ou quando o estímulo é forte demais, ocorre o trauma. Trauma é uma experiência emocionalmente dolorosa, amargurada ou chocante, que envolve o armazenamento de memórias emocionais nas estruturas do cérebro. A presença dessas memórias indesejadas é a causa de problemas tais como os mencionados no depoimento acima, a que chamamos de reação ao estresse.

Ao prejuízo emocional somam-se grandes encargos financeiros com tratamento médico e com dias de trabalho perdidos, trazendo conseqüências também à economia.

Hoje em dia podemos comparar a vida nas cidades a uma "guerra" pela sobrevivência e desenvolvem-se neuroses como nos tempos de guerra. As exigências do ambiente urbano geram problemas emocionais e a chance de desenvolvê-los é maior quanto mais hostil o ambiente. O problema da violência nas cidades brasileiras tem criado casos de transtorno de estresse pós-traumático, cuja incidência na população em geral é estimada em torno de 4 a 11%. Em situações específicas, esse número é maior e chega a 50% entre os sobreviventes do atentado ao World Trade Center, e passa de 95% entre mulheres vítimas de abuso sexual.

Até que ponto isso é normal? Chamamos de reação aguda ao estresse a uma resposta inata do ser humano nas primeiras horas após um acontecimento traumático, ou seja, quase sempre acontece. Os principais sintomas são: pânico, falta de concentração, confusão mental, acompanhados de aumento dos batimentos cardíacos e da respiração, suor, desmaios. Poderá haver amnésia (perda de memória) das circunstâncias de episódio, uma tentativa inconsciente de bloquear lembranças desagradáveis. O quadro é autolimitado e tende a desaparecer dentro de alguns dias ou semanas, mas pode ser necessário procurar um médico, especialmente se a vítima se mostra demasiado ansiosa ou angustiada.

Já o transtorno do estresse pós-traumático é menos comum, porém mais grave do que a reação aguda ao estresse. Não deve ser confundido com a síndrome do pânico, que tem causas diferentes. É definido como uma resposta emocional a uma situação extraordinariamente ameaçadora ou catastrófica, vivida ou testemunhada. Via de regra, é tão mais intenso quanto maior o grau de exposição (por exemplo, sofrer o ataque de um cão raivoso é pior do que apenas testemunhar um ataque a outra pessoa).

Mesmo acontecimentos sem maiores repercussões (como um acidente de automóvel sem vítimas) também podem desencadear esse tipo de transtorno. Usualmente não se manifesta logo após o evento, pode levar meses ou anos até que apareça (em média, três meses). É duas vezes mais freqüente em mulheres do que em homens. Eis algumas características:

- Recordações vivas que surgem sem razão aparente. Imagens e sons realmente sentidos como se tudo estivesse acontecendo outra vez (chamados *flashback*).
- Medo de sair de casa, de pessoas estranhas, insônia, pesadelos.
- Necessidade de evitar pensamentos, conversas, sons, lugares, datas ou qualquer coisa que faça lembrar o episódio, pois a lembrança traz o mal-estar.
- Falta de concentração, fadiga, irritabilidade, sustos e sobressaltos.
- Entorpecimento afetivo (apatia, inibição).
- Existem casos de alteração completa da personalidade: mudanças na maneira de pensar e de se relacionar com os outros. Pode haver transição de crenças: mentalidades francamente céticas passam a acreditar em deuses; por outro lado, pessoas profundamente religiosas podem se voltar contra Deus, proferindo-lhe blasfêmias ou contestando-o.
- Sentimentos de culpa e vergonha, em casos de violência sexual.

A presença desses sintomas durante pelo menos um mês levanta a suspeita de transtorno do estresse pós-traumático; mas não se deve esperar esse tempo todo se a qualidade de vida estiver sendo prejudicada. Recorre-se então a um profissional em busca de ajuda – médico, psicólogo ou assistente social.

Superar um trauma é difícil e vários fatores entram em jogo. Os familiares e amigos devem estar presentes, oferecendo apoio incondicional. Algumas recomendações podem ser úteis:

- Estimular o desabafo. Colocar para fora o que está sentindo costuma trazer alívio da angústia; a postura do ouvinte deve inspirar confiança na recuperação.
- Não fazer de conta que nada aconteceu, pois o problema existe. Um pacto de silêncio pode até piorar as coisas.
- Paciência. A melhora vem em doses pequenas, não ocorre da noite para o dia; essas pessoas geralmente se encontram depressivas, seu humor oscila entre altos e baixos; quando está mal, seja tolerante; quando está bem; estimule-a a "levantar e sacudir a poeira".
- Retornar gradualmente às atividades cotidianas ajuda a colocar de lado os maus pensamentos.
- É comum ocorrerem idéias de "estar ficando louco". Procurem argumentos que afastem essa hipótese.
- O pastor ou capelão pode fornecer orientação espiritual, tão importante quanto um tratamento médico. Em casa, fazer orações várias vezes ao dia. Não encarar o fato como castigo divino, mas pedir forças a Deus para a superação.

Crianças são uma preocupação à parte, visto que, para elas é mais difícil entender o que aconteceu, e geralmente não possuem capacidade ou sentem medo ou vergonha de se expressar. Com isso, problemas emocionais graves podem passar despercebidos para pais e professores, trazendo sérias repercussões ao seu desenvolvimento. A reação ao trauma infantil aparece imediatamente ou após dias ou semanas. Os sinais variam em função da idade, mas algumas adotam uma conduta regressiva, isto é, comportam-se como nos primeiros anos de vida: chupando o dedo, urinando na cama, tendo medo do escuro. Podem também apresentar pânico, medos irracionais, pesadelos, revolta ou fúria, isolamento, recusa da ir à escola. Os pais ou responsáveis devem procurar um psicopedagogo ou psicólogo, procurando informações que possam auxiliar na solução do problema. Importante ressaltar: provas de amor, demonstrações de carinho e tolerância são ingredientes fundamentais nessa época intempestiva.

E deve-se começar de novo de forma gradual a voltar à vida normal. A remissão dos danos emocionais é custosa e pode se arrastar por vários anos, dependendo da gravidade. Algumas pessoas acham que estão perdendo o juízo, outras se intitulam culpadas. No desespero, acabam apelando para o álcool e outras drogas. Fugir dessas tentações é o passo mais importante e seguir os conselhos citados aumenta a velocidade de recuperação.

Coisas ruins acontecem para todos, ninguém está a salvo nem há como sobreviver sem nunca ser atingido. Nunca esquecer que, enquanto ainda estamos abalados, Deus continua mantendo tudo sob controle, e nunca nos deixa sozinhos.

Estresse: a vida além do limite

Não é o mero possuidor de muitas coisas que merece ser chamado feliz. A denominação de homem feliz pertence àquele que aprendeu a arte de usar sabiamente o que os deuses dão...

Horácio

Perder o emprego, receber uma promoção, enfrentar um momento turbulento no trabalho ou no relacionamento com a família, situações positivas e negativas, acabam provocando em nós reações controversas, tais como euforia, ansiedade, nos deixando fragilizados, sem ação e, em certas ocasiões, depressivos. O corpo humano é uma máquina limitada e falível, e que nem sempre responde da forma esperada. Quando ocorrem essas situações, o organismo lança na corrente sanguínea uma descarga maior de adrenalina e cortisol, substâncias que têm a função de colocar a pessoa em alerta para se adaptar à nova realidade. Convencionou-se chamar isso de estresse e trata-se de um estímulo para que o indivíduo se motive a lidar com os fatos e as mudanças em sua vida.

Mas a grande questão está em que, quando os problemas surgem, muitas vezes não sabemos dosar ou lidar com as novas situações, indo a extremos, sofrendo por um fato que ainda não ocorreu e com possibilidade de não ocorrer, com intensidade acentuada, podendo ter longa duração, sobrecarregando o organismo pelo constante estado de alerta e tensão.

O estresse, em vez de motivar, pode fazer com que a pessoa se intimide, fugindo da situação. Atingindo esse estado, há uma forte propensão para o desenvolvimento de doenças, tais como gastrite, úlceras, cefaléia, bronquite, ansiedade, depressão, problemas cardíacos e até câncer, além do desencadeamento de emoções, como raiva, fazendo a própria pessoa ser prejudicada, assim como as outras com as quais convive.

Identificando os fatores causadores, começo pela parte profissional das pessoas, em que as jornadas de trabalho prolongadas e o ambiente de trabalho cada vez mais competitivo têm colaborado para agravar o estresse nas empresas e na vida de seus colaboradores. De acordo com institutos de pesquisa voltados para a área comportamental e recursos humanos das empresas, cerca de 70% dos brasileiros sofrem com as conseqüências negativas do estresse. Desse total, 30% apresentam uma variação crônica e mais grave do problema, conhecida como Síndrome de Burnout, que leva à completa exaustão física e mental.

Em algumas empresas, os funcionários trabalham com procedimentos de alto risco, em que o nível de pressão pode ser tão forte que começa a afetar a produtividade, podendo causar, inclusive acidentes de trabalho. A elevação dos níveis de estresse é diretamente proporcional ao grau de superação exigido pelo mundo dos negócios. Na luta pela sobrevivência, por resultados melhores, por mais participação no mercado, as empresas esperam contar com super-heróis. Para elas, não basta ser competente. É preciso ser o melhor. Não basta ser eficiente. É preciso ser criativo, antecipar mudanças, sugerir inovações, garantir que elas dêem certo, bater um número maior de metas com recursos cada vez mais escassos.

As viagens de negócios se multiplicam, enquanto as férias rareiam. A estabilidade no trabalho, no mercado, no círculo do sucesso transformou-se em obsessão. Também o desenvolvimento tecnológico, como celulares, internet, e-mails, nos deixa o tempo todo no ar e nos sentimos angustiados quando estamos, por algum motivo, desconectados do mundo.

O cenário é angustiante para os trabalhadores e os administradores de empresas. De um lado, há um mundo que muda numa velocidade sem precedentes. De outro, uma estrutura física que se mantém sem se reciclar. Isso acaba gerando insegurança, outro combustível poderoso para alcançar-se o estresse.

É importante que empresas e funcionários aprendam a gerenciar o processo. As empresas podem rever suas rotinas e procurar meios de tornar o clima mais agradável. Os funcionários, por sua vez, podem aprender a lidar melhor com as situações. Muitos profissionais simplesmente não conseguem se desligar de suas atividades profissionais por estarem viciados em trabalho. Seguidamente são publicados livros e textos enaltecendo a atividade profissional desse ou daquele profissional, sendo louvados como superempreendedores, que praticam jornadas de trabalho de 10, 12 e até 15 horas/dia e acumularam um enorme patrimônio em pouco tempo... Será que tudo isso vale a pena? Sacrificar o convívio com familiares, a prática de esportes, lazer, leitura, passeios, aventura... Acredito que não, pois esses super-heróis algumas vezes são completamente infelizes.

Fica uma lição de vida: a simplicidade. Precisamos simplificar nossas vidas, pois precisamos de muito pouco para viver. Entulhamos nossas vidas e casas com coisas que tomam nosso tempo e exigem cuidados. Analisando com cuidado, podemos dispensar muito da “tralha” que nos rodeia, sem a qual parece impossível viver. Os objetos se tornam donos do nosso tempo.

Os valores atuais nos afastam do caminho da vida e nos colocam cada vez mais como adversários em uma competição em que não há vencedores. A morte nivela todos. O que nos diferencia é a vida que levamos. Para isso, nada melhor do que pensar na morte como conselheira, pois frente à morte não há lugar para mentiras. Caminhos vazios de sentido, a morte nos lembra da inutilidade de nossa vida e mais do que algo limitante num futuro distante, ela nos lembra da necessidade e da responsabilidade por nossas vidas agora. Portanto, *no stress.*

A vida: a maior riqueza

O tempo é um grande mestre que cura as feridas das derrotas temporárias, corrige as desigualdades e os erros do mundo. Para o tempo nada é impossível.

Napoleon Hill

Certamente a única riqueza do ser humano é a própria vida. Aquele sopro, o ato de respirar a cada segundo significa o bombeamento do sangue pelo coração para todo nosso corpo, nos faz seres móveis, com instintos, sensações, inteligência e emoções.

A vida, maior dom que recebemos de Deus, por intermédio de nossos pais, é fascinante e imprevisível. A cada momento ela está cheia de surpresas, de desafios e oportunidades. Às vezes, as pessoas descobrem o seu inestimável valor somente na iminência de perdê-la. Respeitando os limites da ética e moral, tudo o que puder ser feito e descoberto para assegurar, prolongar e agregar qualidade e valor à vida merece consideração. Muitas vezes brincamos com a vida e ficamos a um fio de perdê-la. Exageros são cometidos quase diariamente e muitas vezes não pensamos nos riscos inerentes.

Não menos importante é a tomada de consciência da missão que cada um tem a cumprir, enquanto lhe durar a vida. Como Deus deu ao homem a condição de continuar a vida gerando novos seres, também lhe concedeu a liberdade de escolha de ir e vir, de respeitar e ser respeitado. Poderá, no curso da vida, embrenhar por caminhos tortuosos, frutos deste livre-arbítrio. Mas normalmente ele acaba encontrando o seu caminho, graças à inteligência e consciência de que é dotado.

O homem tem uma semente de imortalidade, apesar da evidência da morte que o espera. O homem é mortal pelos seus temores, incertezas e angústias. É, porém, imortal pelos seus desejos, anseios e crenças. No seu íntimo, o infinito é sempre sua maior e inabdicável aspiração. No simples pensar (penso, logo existo, de Descartes) já é clara demonstração da presença do infinito na mente humana.

Quanto mais avança em idade, o ser humano sente que tem muito a dizer e de que dispõe de menos tempo para isso. Mas ninguém tem de temer a morte. Ela pode ser a última e a mais bela aventura da vida, pois não sabemos o que acontece depois dela, que dimensão ocupará ou quanto tempo durará (Se é que podemos absorver alguma coisa, pois não sabemos o que acontecerá depois, se após a morte o ser simplesmente desaparece).

O certo é que ficamos perpetuados por nossas obras e nas marcas que deixamos. Idéias e pensamentos se perpetuam com o tempo. Escrever sobre a vida é mais fácil do que vivê-la, porque as palavras quando colocadas no papel perdem a emoção, ficam frias. Cabe ao leitor acrescentar o seu sentimento. Viver é dar vida às palavras escritas com sua imaginação. Só saber não basta, é preciso aplicar. Aqui é onde mora a dificuldade entre o conhecimento e o exercício de viver.

O que deixa a vida interessante é exatamente o valor da emoção colocada nela. Acrescento mais uma vez que o mais difícil é o controle dessa emoção. Dirigir, guiar, absorver essa emoção é a grande razão de nossa existência e do nosso aprendizado. E é assim que conseguimos nos conectar com o *eu* interior.

A negatividade que carregamos em certos pensamentos e a acidez de um sentimento colocam nossa vida num amargor singular, mas se proporcionarmos a ela alegria, perdão e amor, teremos um dia-a-dia repleto de felicidade e as pessoas estarão mais felizes e alegres em nossa companhia.

O mais difícil, portanto, não é saber como viver bem a vida, mas efetivamente aplicarmos esse conhecimento num controle absoluto das nossas emoções, que dirigem nossos pensamentos e atitudes e, conseqüentemente, nossas obras. Devemos aproveitar todos os dotes que nosso ser superior nos concedeu em favor do próximo, do bem-estar da família, consistindo isto sim, a essência da vida.

Valorize o seu viver a cada segundo, minuto, horas, dia, semana, mês e ano. Valorize a si mesmo em todas as áreas. Cuide-se, valorize-se, ame-se.

As palavras quando colocadas no papel perdem a emoção, ficam frias. *Cabe ao leitor acrescentar o seu sentimento. Viver é dar vida pela imaginação às palavras escritas.*

A importância das pessoas positivas em nossa vida

Cenas do filme *Gladiador*:
Inverno de 180 a.D., no auge do poder do domínio romano, a campanha dos 12 anos do Imperador Marcus Aurelius, aproximava-se da luta derradeira contra os bárbaros e conseqüente conquista da Germânia.
Era a última fronteira a ser vencida, porém os soldados (6 mil homens) estavam famintos e com muito frio. Nevava intensamente há dias. Depois dessa conquista, Marcus Aurelius planejava a paz, pois, dos vinte anos de comando, apenas quatro anos foram de paz, dezesseis anos guerreando e conquistando novos continentes.
Os soldados aguardavam o sinal, ansiosos, para a estocada final e a volta para casa. Em suas fileiras, num imponente cavalo negro, destacava-se o General das Tropas Romanas, General Maximus Decimus, que observava atentamente a movimentação do inimigo.
Passando em suas fileiras, demonstrava sinais de carinho para com seus combatentes. Preparou-se. Empunhou uma espada, passou ordens ao seu auxiliar, Quintus, a quem falou:
– Força e Honra!

Dirige-se aos soldados:

– Em três semanas, estarei fazendo a colheita do meu trigo, nas montanhas... Imaginem onde vocês estarão e assim será... Mantenham posição, fiquem juntos comigo. Se virem sozinhos, cavalgando por campos verdes, com o Sol em suas faces... Não se perturbem... Pois estarão no Elísio... E mortos (risos...). Irmãos, o que fazemos em vida, ecoa na eternidade...

– ROMA VICTOR! Ao meu sinal, libertem o inferno!...

E os romanos venceram a batalha. Saldo: 3000 feridos, 2000 mortos, mas a última fronteira conquistada.

Com a narração de algumas cenas do filme, espero poder exemplificar a importância das pessoas positivas em nossa vida, assim como foi o General Maximus para seus soldados. Fosse ele uma pessoa fraca, sem palavras de incentivo aos seus moribundos combatentes, certamente teria perdido a batalha. No que ele atuou? No ego das pessoas, no subconsciente de todos.

Assim somos nós. Quando conversamos com pessoas negativas somos impelidos ao baixo astral, o dia parece conspirar contra nós.

Pessoas negativas, depressivas, podem acabar com um projeto de vida que estava sendo cultivado há muito tempo em sua mente. Normalmente são pessoas fracassadas, traumatizadas ou que passaram por uma decepção muito grande.

Temos de nos cercar de pessoas alegres, que não têm o hábito de olhar para trás, que encaram a vida e são capazes não de somar nossas energias naquele sonho aludido, mas sim o de multiplicá-los.

Para os pessimistas, tudo está ruim. O governo não presta, as pessoas não valem nada, enfim, tudo está errado. (Se ele percebesse que a única coisa errada é ele...). Para conseguirmos alguma mudança nesses casos, só boas conversas conselheiras de amigos mais íntimos ou, na pior das hipóteses, um psicólogo ou um psiquiatra que o induzam à mudança de comportamento.

Sejamos sempre altruístas, seletivos, perseverantes, alegres. Sejamos as pessoas positivas que os outros tantos necessitam ouvir. Sejamos, nós, um General Máximus das tropas romanas a comandar nossos amigos à vitória com o simples poder de nossas palavras. Sejamos o que somos: vitoriosos, sempre...

Percebo que muitas pessoas são persuadidas por pessoas sem altruísmo, são facilmente influenciadas. Este ano vai ser ruim, este ano vai ser difícil. A dificuldade está dentro de cada mente. Você faz seu dia seguinte fluir. Só existe uma pessoa no mundo capaz de tornar você uma pessoa vitoriosa: Você mesmo.

ROMA VICTOR!...

O mundo pertence aos homens puros e de bom coração. Já se foi o tempo em que o pessimismo e derrota faziam parte de nosso dicionário. Rumo ao sucesso com pensamentos e idéias positivas!

Um dilema: a velhice

A beleza de um homem jovem resulta da harmonia natural dos traços do seu rosto. Aquela, tão rara, de um velho manifesta o estado de sua alma.

Antoine de Saint-Exupéry

O envelhecimento é um fenômeno biológico e psicológico que influencia a vida familiar e social. O processo de envelhecimento é caracterizado pela perda gradual das funções orgânicas, mas o idoso consegue reter sua capacidade intelectual e física em níveis aceitáveis, com exercício pleno das atividades. Para isso, terá que levar uma vida saudável e tomar os devidos cuidados com a saúde, praticando exercícios, tendo uma dieta correta e consultando-se periodicamente no médico de confiança.

Existem jovens aos 80 anos e velhos aos 40 anos, diz um ditado popular. Depende de como o indivíduo encara a vida. Mesmo debilitado fisicamente, poderá fazer muitas coisas, entre elas transmitir conhecimento, lembrar os momentos bons e também os maus e como fez para superá-los, dando testemunho aos jovens, servindo de exemplo. Poderá conversar, ler bons livros, agir, viver até o último momento.

Muitos estudos apontam para a possibilidade de pessoas fisicamente ativas, em qualquer idade apresentarem uma saúde mental melhor do que certos jovens sedentários. A qualidade de vida é muito influenciada pela atividade física constante, como caminhadas, natação e outros esportes.

Diz o ditado que, se o corpo permanecer são, sua mente estará sã. Existe uma faixa da população que tende a sofrer certos transtornos, levada pela acomodação, falta de atividades, deixando-se à mercê da depressão. Na realidade, os idosos são os que mais sofrem com transtornos causados pelo sedentarismo. Essa falta de anseios e de novos projetos transforma-se em suave veneno, muitas vezes encurtando sobremaneira o tempo e a expectativa de vida do indivíduo.

A depressão é caracterizada por tristeza, baixa auto-estima, pessimismo e desesperança. Seus sintomas são fadiga, irritabilidade, retraimento e muitas vezes, ao extremo, pensamentos suicidas. Não é difícil encontrar relatos de suicídios em jovens. Outros fatores que contribuem para a depressão são as dificuldades financeiras, afastamento das atividades profissionais ou o fracasso profissional ou pessoal, má aposentadoria.

Nem todas as pessoas passam por essa situação. Existem idosos felizes, realizados por terem gerado filhos que hoje estão bem encaminhados na vida. Têm bons empregos, boas empresas, ótimos cidadãos, harmonia no lar, filhos respeitados na sociedade, outros, ocupantes de relevados cargos na administração, enfim, tudo aquilo que se propuseram a fazer, conseguiram, com vivência, com experiência, com atitudes.

Desde que sua saúde mental esteja preservada, é tempo de recordar os bons e maus momentos da vida, amizade, paixões. Paixões – talvez seja este o principal combustível para manter as pessoas em alto astral até seu último momento. Assim devemos ser sempre: apaixonados pela companheira que nos acompanhou pela vida inteira, gerou nosso filhos, lhes deu carinho, afeto, amor. Há também aqueles que optam pelo celibato e são também felizes a seu modo.

Quem aborda com propriedade todos esses fatores é a escritora Lya Luft, em seu livro *Pensar é transgredir*. Ela nos dá subsídios para podermos aproveitar da melhor maneira essa fase derradeira da vida, a velhice.

Cuidando da saúde física, creio que a vida será plena até o último suspiro, lembrando sempre ter sido útil para a sociedade, para a formação dos filhos, nunca se acomodando nas primeiras adversidades.

Como outros fenômenos orgânicos, o envelhecimento deve ser reconhecido não só no seu aspecto de anatomia e fisiologia, mas também no aspecto psicológico. Sendo encarado e entendido, prepara-nos de todas as formas para termos uma velhice tranqüila e feliz.

Como a árvore que germina, cresce, dá frutos, fortalece o tronco, envelhece e depois sucumbe, somos nós, limitados por nossa condição de humanos e perecíveis.

Precisamos também entender que o processo da vida é muito mais do que simples biologia. Uma pessoa não está plenamente ativa, a menos que esteja sintonizada com o propósito mais elevado da sua alma, a menos que conheça sua missão. Cada um de nós tem uma opção: podemos estar meramente vivos no sentido biológico ou podemos ser realmente vivos, espiritualmente vivos.

E, como conclusão, parece cada vez mais evidente a máxima de Heráclito, que diz: "Não existe nada permanente, exceto a mudança, tudo muda, tudo se renova. Temos assim de adquirir a consciência de que somos passageiros, transitórios, renováveis, substituíveis por natureza. Seremos bem-sucedidos, daremos lugar a outrem na escala evolutiva e inevitavelmente irreversível. Deus criou seres que se sucedem".

> O minuto que você está vivendo agora é o mais importante de sua vida, onde quer que você esteja. Preste atenção ao que está fazendo. O ontem já lhe fugiu das mãos, o amanhã ainda não chegou. Viva o momento presente porque dele depende todo seu futuro.
>
> Procure aproveitar ao máximo o momento que está vivendo, tirando todas as vantagens que puder, para seu aperfeiçoamento. Se todos os seus esforços forem vistos com indiferença, não desanime, porque também o Sol, ao nascer, dá um espetáculo todo especial e, no entanto, a maioria da platéia continua dormindo...
>
> Napoleon Hill

Saudade

Existem no mundo, como no teatro, espectadores ingênuos que acreditam que a morte do ator é verdadeira na tragédia. É nisto que a vida e o teatro mais se parecem.

Constancio C. Vigil

Neste pensamento, Vigil nos deixa em poucas palavras aquilo que poderemos levar a vida inteira para entender. Somos atores passageiros e reais que encenam com gestos e ações, os sentimentos e as experiências herdados de nossos antepassados, com uma única certeza, indiscutível: um dia a vida irá nos separar.

Sentiremos saudades de todas as conversas jogadas fora, das descobertas que fizemos, dos sonhos que tivemos, dos tantos risos e momentos que compartilhamos.

Saudades até dos momentos de lágrimas, de angústia, das vésperas de finais de semana, de finais de ano, enfim... Do companheirismo vivido.

Sempre pensei que as amizades continuassem para sempre. Hoje não tenho mais tanta certeza disso. Em breve, cada um vai para seu lado, seja pelo destino ou por algum desentendimento, segue sua vida, talvez continuemos a nos encontrar, quem sabe nas correspondências. Podemos nos telefonar e conversar algumas bobagens... Aí os dias vão passar, meses... anos... Até esse contato tornar-se cada vez mais raro.

Vamos nos perder no tempo... Um dia nossos filhos verão aquelas fotografias e perguntarão: quem são aquelas pessoas?

Diremos que eram nossos amigos. E isso vai doer tanto.

Foram meus amigos, foi com eles que vivi os melhores anos de minha vida!

A saudade vai apertar bem dentro do peito. Vai dar uma vontade de ligar, ouvir aquelas vozes novamente...

Quando nosso grupo estiver incompleto... Reunir-nos-emos para um último adeus de um amigo. E entre lágrimas nos abraçaremos.

Faremos promessas de nos encontrar mais vezes daquele dia em diante. Por fim, cada um vai para o seu lado para continuar a viver sua vidinha isolada do passado.

E nos perderemos no tempo...

Por isso, fica aqui um pedido deste humilde amigo: não deixe que a vida passe em branco, e pequenas adversidades sejam a causa de grandes tempestades.

Eu poderia suportar, embora não sem dor, que tivessem morrido todos os meus amores, mas enlouqueceria se morressem todos os meus amigos!...

Um poeta assim descreveu o sentimento chamado saudade.

> Estamos todos destinados a perecer. Somente as estrelas que somem à chegada do dia não perecem. E, depois de nós, continuam os edifícios e os montes. Que outras coisas são os homens senão moradas habitadas hoje e vazias amanhã! Que outra coisa é o homem senão uma chama passageira! Eleva-se, resplandece e imediatamente depois se transforma em cinza.

Mensagem final

Quanto mais avanço no tempo, mais entendo da vida; vem o temor do envelhecimento, que muito me assusta. No fundo, a morte talvez seja a única coisa que jamais aceitarei, que dirá dizer que estou preparado para ela. Queria viver mais alguns anos, com a idade mais tenra, e a perspicácia de hoje...

Bruno Marcos Radunz

Referências

ALCÂNTARA, D. L. Por que você existe. *Jornal Existencial on-line*, 2000. In: www.existencialismo.org.br. Extraído da internet em 2007.

BAKER, M. W. *Jesus, o maior psicólogo que já existiu*. São Paulo: Sextante, 2005.

9 ed., 192p.

BRASIL, L. A. de A. O Belo Existe. Porto Alegre: *Jornal Zero Hora*, 26.02.2005, p.11.

CABRAL, D. Quais são seus maiores sonhos? São Paulo: *Revista Vitrine do Varejo*, 01.11.2005, p.13-6.

CAPRA, F. *A Teia da Vida*, São Paulo: Cultrix, 14 ed., 1996, 256p.

CARVALHO, A. Estresse e Raiva: aprenda a administrar. São Paulo: *Revista Supermercado Moderno*, ago. 2006, p.85-6.

CHALLITA, M. *Os mais belos pensamentos de todos os tempos*. Rio de Janeiro: Associação Cultural GIBRAN, 4 ed., 370p.

COBRA, N. *A Semente da Vitória*. São Paulo: Senac, 69 ed., 2004, 223p.

COMTE, A. *Discurso sobre o espírito positivo*. São Paulo: Escala, 2004, 110p. [coleção Grandes Obras do Pensamento Universal, n.30].

COSTA, L. A. M. *A força da palavra*. São Paulo: Gráfica MA, 1 ed., 2003, 109p.

CURY, A. *Nunca desista de seus sonhos*. Rio de Janeiro: Sextante, 10 ed., 2004, 155p.

DARWIN, C. *A Origem das Espécies*. São Paulo: Escala, 2004, 237p. [coleção Grandes Obras do Pensamento Universal, n.34].

DESCARTES, R. *As paixões da Alma*. São Paulo: Escala, 6 ed. 2002, 143p.

DIEGUEZ, C. Stress: A vida além do limite. São Paulo: *Revista Exame*, junho de 2004.

DINIZ, A. *Caminhos e Escolhas*. São Paulo: Campus, 2004, 1 ed., 224p.

FREIRE, P. *Pedagogia da Autonomia* – saber necessários à prática educativa. São Paulo: Paz e Terra. 33 ed. 2006, 148p.

GARRIGOU-LAGRANGE, O.P. As três idades da vida anterior. *Revista Permanência*, n. 154-5, 1981. p.34-5.

HILL, N. *A Lei do Triunfo*. Rio de Janeiro: José Olympio, 1994. 14 ed. 735p..

HUME, D. *Investigação sobre o entendimento humano*. São Paulo: Escala, 2004, 170p. [coleção Grandes Obras do Pensamento Universal, n.25].

HUNTER, J. C. *O monge e o executivo* – uma história sobre a essência da liderança. Rio de Janeiro: Sextante, 15 ed., 1998, 139p.

JUNIOR, O. G. *Nietzsche*. São Paulo: Publifolha, 2000, 93p.

KHALFA, J. *A natureza da Inteligência*. São Paulo: Unesp/CambridgeUniversity Press, 1995.

KOCH, C. A Aventura de Cristof Koch. São Paulo: *Revista Viver, Mente e Cérebro*. dez. de 2005, p.22-5.

LEPARGNEUR, H. *Consciência, Corpo e Mente*. Campinas: Papirus, 1994, 1 ed. 235p.

MIRÁNDOLA, P. D. *A dignidade do homem*. São Paulo: Escala, 2004, 94p. [coleção Grandes Obras do Pensamento Universal, n.26].

MURPHY, J. *1001 maneiras de enriquecer*. São Paulo: Nova Era, 2003, 234p.

PINHEIRO, D. A descoberta da ambição. *São Paulo: Revista Veja*. 01.02.2006, p.54-61.

PY, L. A. *Saber amar*: Gerenciando os sentimentos com inteligência. Rio de Janeiro: Rocco, 2006, 147p.

RADUNZ, V. A. Fé e Ciência. São Leopoldo: *Revista Mensageiro Luterano*. out. 2005, p.13-6.

RODRIGUES, A. Palavras. Toledo: *Revista Cristo Rei*, n.109, set. 2006, p.12.

TREVISAN, L. *O poder infinito da sua mente*. Santa Maria: Editora da Mente, 5 ed., 2003, 366p.

WEBER, M. *A Ética Protestante e o Espírito do Capitalismo*. São Paulo: Martin Claret, 2006, 278p.

WEINBERG, M. Um olhar sobre o futuro. São Paulo: *Revista Veja*, 12.10.2005, p.34-7.

COLABORARAM NESTE LIVRO

Supervisão editorial Isabel Xavier da Silveira
Produção gráfica e direção de arte Vivian Valli
Assistente de produção Regiane Wagner Jorge
Preparação de texto Cássia Garcia
Revisão Eduardo Haak
Composição FA Fábrica de Comunicação
Capa Etcetera Editora
Fotos de capa A partir da esquerda, no sentido da leitura:
O palhaço, Pierre-Auguste Renoir, Paris, Musée de l'Orangerie.
Menino com cão, Bartolomé Esteban Murillo, State Hermitage Museum, St, Petersburg.
Menina com gato, Pierre-Auguste Renoir, Paris, Musée d'Orsay.
As duas irmãs, Théodore Chassérieau, Paris, Musée du Louvre.
Mme Aymon, 'La Belle Zélie', Jean-Auguste-Dominique Ingres, Rouen, Musée des Beaux-Arts.
Retrato de Jovem Mulher, Domenico Ghirlandaio, Lisboa, Museu Calouste Gulbenkian.
René Grenier, Henri de Toulouse-Lautrec, New York, The Metropolitan Museum of Art.
Lady Lilith, Dante Gabriel Rossetti, Wilmington, Delaware Art Museum.
Retrato de Lucrezia Panciatichi, Agnolo Bronzino, Florença, Galleria degli Uffizi.
Madame Cézanne no Conservatório, Paul Cézanne, New York, The Metropolitan Museum of Art.
Aline Charigot (A senhora Renoir), Pierre-Auguste Renoir, Philadelphia, Philadelphia Museum of Art. THe W.P. Wilstach Collection.
Retrato de Père Tanguy, Emile Bernard, Basel, Kunstmuseum, Öffentliche Kunstsammlung.
Delphine Ramel, Madame Ingres, Jean-Auguste-Dominique Ingres, Oscar Reinhart Collection 'Am Römerholz', Winterthur.
Retrato do Paciente Escalier, Vincent van Gogh, Coleção Particular.

FICHA TÉCNICA

Impressão Paym Gráfica e Editora Ltda.
Papel Offset 75g/m² (miolo), Cartão Supremo 250g/m² (capa)
Tipologia Adobe Garamond 12,5/15,5

Para preservar as florestas e os recursos naturais, este livro foi impresso em papel 100% proveniente de reflorestamento e processado livre de cloro.